大展好書　好書大展
品嘗好書·　冠群可期

陳式太極拳 8

陳氏太極拳
基礎入門

附 DVD

■陳炳　著

大展出版社有限公司

陈炳先生：

陈氏太极
名扬天下

美国俄亥俄州现代中文学校　敬赠
2005 年 6 月 5 日

全国体育竞赛奖励证书

兹发给竞赛成绩优异者，以资鼓励。

竞赛名称：　全国武术锦标赛
运动员姓名：　陈 炳
运动成绩：　男子70公斤级摔跤　第一名
时间地点：　1998年10月8日-10日 石家庄

中华人民共和国国家体育运动委员会

聘书

　　聘请 陈炳 为复旦大学陈式太极
拳协会名誉总教练兼终身顾问。

复旦大学陈式太极拳协会
2001年3月

感 謝 牌

陳式太極拳二十代傳人 陳 炳 (진병)

貴下께서는 韓中文化交流의 一環으로
2001년 1월 3일부터 1월 18일까지 韓國의
많은 太極拳 愛好家들을 위하여 陳式太極拳
大韓民國總會에서 熱情으로 陳式太極拳講習會
를 이끌어 주신데 대하여 眞心으로 깊은
感謝를 드립니다.

西紀 2001년 1월 18일
陳式太極拳大韓民國總會 副會長 朴明原

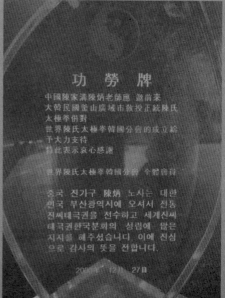

功 勞 牌

中國陳家溝陳炳老師應 邀前來
大韓民國釜山廣域市敎授正統陳氏
太極拳併對
世界陳氏太極拳韓國分會的成立給
予大力支持
特此表示哀心感謝

世界陳氏太極拳韓國分會 全體會員

중국 진가구 陳炳 노사는 대한
민국 부산광역시에 오셔서 전통
진씨태극권을 전수하고 세계진씨
태극권한국분회의 성립에 많은
지지를 해주셨습니다 이에 진실
으로 감사의 뜻을 전합니다.

2005년 12월 27일

聘書

陈炳

获.08 全国武术锦标赛

体育道德风尚奖

American Chen Taiji Society

美國陳式太極拳聯會

Certificate of Appreciation

太極大師陳炳老師惠存：

寓 剛 于 柔
太 極 揚 威

美國陳式太極拳聯會敬贈

西元二零零五年春
美國舊金山
San Francisco, California
Spring, 2005

Anthony Waiyi Wong, President

聘書

兹敦聘 陈炳 先生为 同济大学博士后联谊会
陈氏太极拳顾问教练.

此聘

同济大学博士后管理办公室

2005年7月4日

▲太極拳始祖──陳王廷

名門之秀：陳氏十九世掌門人陳小旺和他的子侄們在黃河灘的合影。左起陳自強、陳自軍、陳炳、陳小旺、陳軍、陳迎軍。

▲陳炳於歐洲與太極拳愛好者交流；集體合影留念。

▲左起：陳照旭、陳發科、陳豫俠。

▲陳氏太極拳代代傳承。圖為陳小星大師教
陳紹桐（陳炳之子）練習太極拳。

▲陳炳在青藏高原上演練太極拳

▲飛躍青海湖

陳氏太極拳基礎入門，從這裡開始

　　有資料顯示，目前世界上約有一億多人在練習太極拳。然而，不少人練習了一輩子仍然徘徊在太極拳的門外，爲什麼？沒有「明師」的引路和指點是關鍵。

　　我與陳炳師傅相識多年，也經常去陳家溝向他請教。陳炳師傅出生於太極拳世家，是當年威震京城的太極宗師陳發科的曾孫、陳氏太極拳第十二代嫡宗傳人，現任陳家溝國際太極院院長、陳家溝太極拳協會會長。

　　陳炳師傅自幼隨叔父陳小旺、陳小星練習家傳功夫，他天賦過人，加上勤學苦練，盡得陳氏太極拳的衣缽眞傳。曾獲得過三次全國武術太極拳錦標賽推手冠軍、五次河南省太極拳和推手冠軍、五次國際太極拳年太極拳和推手冠軍，還曾榮獲全國武術錦標賽體育道德風尚獎。

　　陳炳師傅不僅有一身爐火純青的太極拳功夫，而

且還是陳家溝爲數寥寥的、受過系統體育高等教育的新一代拳師，擁有淵博的學識。

早在1999年於上海讀大學期間，陳炳師傅就在復旦大學發起並成立了太極拳協會，爲陳氏太極拳在上海高校的發展奠定了基礎。後來，他又創建了陳家溝第一家非營利性的太極拳網站（http：//www.chenjia-gou.net/），拉近了陳家溝與世界的距離。

自1999年以來，他先後受到日本、韓國、美國、法國、義大利、德國、奧地利、西班牙、瑞士等十幾個國家的邀請，到國外講學傳藝，所到之處，人們無不爲他高尚的德行、高超的技藝和深厚的功夫所傾倒。

2007年陳炳師傅自籌資金，創辦陳家溝國際太極院，並且在太極院成立太極基金會，扶助村裡品學兼優的貧窮兒童，幫助村裡的孤寡老人，資助因病致殘的困難家庭，甚至幫助派出所調解平息村民間的糾紛。

記得2008年汶川大地震時，陳炳師傅正在美國講學。雖然他身在異鄉，但心一直牽掛著災區人民。他在美國的十多個城市巡迴義演太極拳四十多場，爲災區募集善款10萬元。回國後第一時間趕到災區，捐款捐物之後，又領養了一名災區孤兒。

我曾經將此事講給我的一個作家朋友，他感動之

餘說了這樣一段話：「只有陳炳這樣的人，才能有真正的功夫。高尚的德行、慈悲的胸懷，這才是功夫的出發點和目的地。」

2011年7月陳炳師傅被評爲感動溫縣十大人物，人們送給他的頒獎詞爲：「真正的武者，當具君子之儒，兼俠者之風，亦剛亦柔。」作爲一個被太極浸潤多年的高手，他擁有不僅是精湛的拳技，更練就了武者的佛心，如遺落於塵世的璞玉，散發著獨有的人格魅力。

陳炳師傅不僅在生活中的品行值得人們稱讚，在教學中也敢於真傳、樂於真傳，是全國聞名的陳氏太極拳「明師」。我欽佩於他的教學有方，更敬佩他敢於真傳的勇氣。很多人不敢真傳，這有多方面的原因，其中之一便是自信心不足——敢於真傳，靠的是真功夫的底氣啊！

這次，陳炳師傅的新作《陳氏太極拳基礎入門》無疑帶給廣大太極拳愛好者一個福音。

書中講述的「陳氏太極放鬆功」可謂是獨闢蹊徑，闡明了太極拳的核心要領；「陳氏太極基本功」字字珠璣，直指太極功夫的實質；「陳氏和諧太極十三式」更是太極拳的入門精華所在。

早在2009年，我第五次去陳家溝時就曾建議陳炳師傅整理陳氏太極拳內功的書稿，現在陳炳師傅撥冗

完成了大作，並邀請我作序，我深感榮幸，這是太極拳界的幸事，也是武術界的喜事，相信廣大太極拳愛好者能夠從中受益。同時也期待著陳炳師傅爲武術界貢獻出更多的陳拳秘笈，以滿足人們對太極拳的需求與喜愛。

江蘇省項羽文化研究會 王冬

自序

致所有太極拳愛好者

太極拳，理精法密，體用兼備，是我們幾千年民族文化的優秀代表。時至今日，太極拳已經成爲一項全民健身的運動，成爲一種返璞歸眞的全球時尚運動。人們在日益加快的生活節奏中可以利用太極拳放慢自己追逐的腳步，收心回神，發現自己身體的「丹田」和生命的「丹田」，回歸生活的本眞、體會生命的意義，在現代與傳統之間尋找彼此之間的和諧與互融。

陳氏太極拳主講「柔」，而我在教拳的過程中發現，很多太極拳愛好者，身體不能放鬆，達不到練習陳氏太極拳所需要的「柔」的要求，所以我針對初涉太極者心浮氣躁、難以放鬆的情況編創了一套陳氏太極拳放鬆功法，本套功法有三個特點：第一，動作簡單、易學；第二，身心同修；第三，易鬆、易靜、易柔。

本套太極放鬆功能使人有效地、快速地進入

「鬆」、「靜」的太極態。學會本套功法，雖未曾學習太極拳，或許你已經能從中體會到太極的其中「三昧」了（鬆、靜、柔三昧）。另外，學習太極拳最重要的，也是最基本的部分算是陳氏太極拳基本功了，這套基本功是前輩們在授徒教學過程中總結出來的特點性動作，是幫助太極拳愛好者快速瞭解和掌握太極拳的一把鑰匙，能明白基本功，也就能明白太極拳了。所以特別想告訴拳友，基本功才是真正的捷徑。

從古到今，太極拳一直順應時代的發展而不斷完善著，簡單、易學、科學、健康是未來太極拳發展的主流，也是傳統文化要推廣普及所做的必要調整。在二叔陳小旺大師的指點下，現將陳氏和諧太極十三式奉獻給大家，讓沒有太極拳基礎的初學者能在2～3天的時間學會並且記住一套太極拳，讓大家能在3～4分鐘整套演練過程中體會到身心同修的奇妙太極。

透過本書介紹的既簡單而又實用的太極功法引領大家去發現太極的道門，為大家今後能登堂入室開啟一扇小窗，這也是我作此書的目的和心願。

受水準局限，難免錯誤，誠祈前輩老師、學友同人批評指正，這將是對我最大的鼓勵！

陳炳

於陳家溝

目錄

第五章　陳氏和諧太極十三式
——延年益壽，讓生命活出品質

第一章

往事並不如煙，不滅的太極拳傳說

我們看過太多的武俠小說，也曾幻想過太多的江湖。

或許，榮譽的最高境界就是：你不在江湖，但江湖依然有你的傳說。

江湖兒女情深意長，江湖兒女千古流芳。

中華武術，博大精深，中華文明的傳奇故事更是數不勝數。

在這裡，我們將隨著時間的腳步，在太極拳的江湖中去領略陳氏太極拳的風采。

一、陳卜：獨闖縣衙救貧女

　　話說明朝洪武二年，在山西洪桐縣有一個名叫張豐的農民，因為家貧，妻子死後不得不找本村財主王安福借了五兩紋銀的「高利貸」作為安葬費。沒想到三年以後，這五兩銀子利滾利變成了十八兩，張豐自然是無力償還。

　　突然有一天，王安福帶著一群人來張豐家討債，見讓張豐還錢真是寡婦死了兒子——沒子（指）望了。於是，王安福就「很好心」地給張豐出了個「主意」：讓張豐的女兒嫁入他家做兒媳婦。

　　原來，張豐有個女兒，名叫張妞，雖然衣著寒酸，但模樣兒十分俊俏。而王安福的二兒子是一個傻子，那真的是「傻得有才」，吃飯不知饑飽，睡覺不知顛倒，整天是灰頭土臉。張豐自然不忍心將女兒往火坑裡推，於是，拒絕了這門親事。

　　王安福見張豐不答應也並不著急，悻悻而去。過了不到兩日，衙門突然來人將張豐父女帶上公堂。原來，洪桐縣縣太爺是王安福的拜把子兄弟，他想藉助官府的勢力，強迫張豐就範。升堂那天，洪桐縣縣衙門口聚集了很多「不明真相」的群眾圍觀，大家都想看看縣太爺如何辦理此案。

　　縣太爺裝腔作勢地審問了一番，突然驚堂木一拍，宣判因張豐無力償債，所以必須將女兒嫁給王安福的二兒子

為妻，從此人財兩清、互不糾纏。

堂下群眾一片譁然，而張豐自然是不肯服判，卻又無可奈何，只得死死地護住女兒。

王安福使了個眼色，周圍的手下立刻上前搶人，在公堂之上公然對張豐拳打腳踢，圍觀群眾敢怒而不敢言，眼看張豐之女就要落入奸人之手。

「放開他們！」隨著一聲大喝，只見一人撥開眾人，闖進公堂。

這人身高六尺有餘，怒目圓睜，身上的肌肉如鐵打的一般。衙役們見到有人膽敢阻止他們的「好事」，當即抽出刀來，想給那「大膽」之人一點兒教訓，可是轉眼間，眾人還沒看明白那位壯士用的是什麼武功，周圍的衙役就全部躺在地上哀號。

縣太爺畢竟是見過世面的人，壯著膽子問那壯士想如

何，只見那壯士一拱手笑道：「明人不做暗事，俺叫陳卜，欠債還錢，天經地義，不知道這筆錢可否由我來償還？」

堂下眾人一聽這人就是陳卜，不由得歡呼起來。因為大家早就聽說過陳卜這個人，不僅武功高強，而且為人和善，雖然遷來洪桐縣不久，卻好打抱不平、扶弱抑強，做了不少善事。

見此情景，縣太爺暗忖，來者不善，如若按王安福的想法硬逼張豐就範，此人手段厲害，勢必不肯甘休，況且陳卜的話，句句在理，事已至此，也只好依其所言，也顯得為官公正。

陳卜從朋友手裡湊齊十八兩銀子，丟在王安福面前，拉起張豐父女一起離開了縣衙大門。

圍觀百姓無不拍手稱快。

陳卜大鬧縣衙，解救了張豐父女，縣太爺一直懷恨在心。不久，恰好朝廷下旨要求移民，縣太爺便急忙將陳卜圈入了遷民之列。

也正因為陳卜被移民，才有了後來的陳家溝，才有了更多的關於陳氏家族的傳奇故事，才有了現在流傳於世界的陳氏太極拳。正所謂：「塞翁失馬，焉知非福也。」

二、陳王廷：引經據典編創太極拳

據《陳氏家譜》記載，太極拳的創始人是九世祖陳王廷。在他遺留下來的名叫《敘懷》的長短句中這樣記載：「歎當年，披堅執銳……幾次顛險，蒙恩賜，枉徒然！到而今，年老殘喘，只落得《黃庭》一卷隨身伴。悶來時造拳，忙來時耕田，趁餘閒，教下些弟子兒孫，成龍成虎任方便……」

悶來時造拳，這裡的「拳」便是太極拳。

陳王廷天資聰慧，自幼勤奮好學，不僅深得家傳武藝，而且熟讀諸子百家，是個文武雙全的人才。明朝末年，陳王廷以武秀才的身份參加鄉試考武舉。

校場上，他張弓滿月，一馬三箭，三馬九箭，射了個

「鳳奪巢」。所謂的「鳳奪巢」，就是第一箭射中靶心後，第二箭從靶心擠出第一箭，第三箭又擠出第二箭，像鳥兒奪巢一樣。

陳王廷的高超武藝博得了滿堂喝彩，但實力抵不過「暗箱操作」，負責擂鼓報靶的鼓吏因受人賄賂，只擂了3通鼓，表示9箭支中了3箭，主考官憑鼓聲記分，即以3箭論之。

陳王廷氣憤不過，提劍刺死了鼓吏，逃出了校場。隨後，陳王廷投奔了在嵩山「立竿起義」的好友李際遇。後來，李際遇事敗被殺，陳王廷才歸隱故里。

清朝順治年間，陳王廷曾入鄉學為文庠生，因為時運不濟，九世祖始終沒能走上仕途。於是他就斷了科舉的念頭，匿伏在陳家溝，立志造拳傳世。

或許是冥冥之中天註定，現在看來，如果當年九世祖陳王廷真的走上了仕途，可能在現代中國武術史上就永遠

沒有了陳氏太極拳。

九世祖陳王廷在創造太極拳時，參閱了大量的資料和典故，其中對他影響最大的是明朝著名的抗倭英雄戚繼光。當年戚繼光將軍為了訓練士卒，收集了大量的民間武術，從民間盛行的 16 家拳法中，吸取 32 個姿勢編成套路，稱做「拳經三十二勢」，作為士兵練習刀槍劍棍的「武藝之源」。

陳王廷在創立太極拳時，從戚繼光的「拳經三十二勢」中吸取了 29 勢，並結合祖傳拳術進行了大膽的創新和改良，還根據《河圖》、《洛書》等書籍中太極陰陽八卦學說，與引導、吐納以及中醫經絡學說相結合，融眾家之長，創編出一種陰陽開合、虛實轉換、剛柔相濟、快慢相間的太極拳術。

也正是這些博大精深的學說，賦予了太極拳豐厚的內涵，才讓太極拳在歷史的長河中經久不衰。

三、陳恂如：夜破匪幫智當先

自九世祖陳王廷創編太極拳後，陳氏家族拳風日盛，歷久不衰。十一世祖恂如、申如是一對孿生兄弟，在十世祖陳所樂的傳授下，深得太極的精義要旨，人稱「大天神、二天神」。

在陳家溝東面4公里的北平皋村，有個富戶叫王遜，據說他們家有5間樓房，登樓可望數十里，遠近聞名，王家的金銀財寶都藏在這樓裡，為防土匪和盜賊，王家的大門都裹著鐵皮，院內還設有陷阱。

清朝康熙年間，一夥土匪闖入北平皋，自稱「山東響馬由晉返魯，便道而來，欲向王遜借數色古玩珍品，以備欣賞」。王自知不敵，一面把土匪請進家中款待；一面秘密差人赴陳家溝請十世祖解救。

當時，十世祖外出未歸，而年僅15歲的陳恂如、陳申如兩兄弟不諳世故，憑著「初生牛犢不怕虎」的氣概，慨然應允。

當夜，兩兄弟每人腰別一根白蠟杆趁著夜色潛入王家，正好看到那幫惡徒在那裡酗酒。二人飛身入室，揮動白蠟杆，直刺橫掃，左砍右劈。一頓亂打之後，兄弟二人相視一笑，然後打滅燈火，隱入暗處。

眾強盜酒至正酣，突然殺入兩個「小鬼」，殺得他們措手不及，只好慌忙應戰，黑暗中也分不清敵我，持刀亂

砍，自相殘殺。一時間，慘叫聲不斷，陳恂如、陳申如兩兄弟躲在角落裡，憋著笑聲。

不多時，屋中的聲音漸漸小了。他倆再掌燈看時，已經是屍體遍地，偶有的倖存者也是動彈不得。

後來當地藝人將這段故事編成戲劇，取名「雙英破敵」，一直傳唱至1949年前。

四、陳公兆：耄耋老人鬥「瘋」牛

清朝乾隆年間的某一年中秋節，乾隆皇帝為了慶賀太平盛世，宣導敬老之風，下詔書請全國80歲以上，德才兼備、兒孫滿堂的老人到紫禁城的太和殿參加「千叟宴」。

陳家溝85歲的陳善老人和88歲的陳毓英老人有幸被欽點參加。

「千叟宴」後，兩位老人離京返鄉，河南巡撫和懷慶知府親自迎送，並一路護送到陳家溝，還為他們舉行了掛匾儀式。

這在陳家溝可算是件史無前例的大事，全村上下比過年都高興。大家紛紛拿出家中珍藏的美酒、可口的菜餚，在陳家祖廟廣場舉行慶祝儀式，並燃放煙花助興。可是不曾想在放鞭炮時，一個年輕人無意中把一顆炮仗扔到了正在村邊吃草的公牛身上。

「嘭」的一聲巨響，牛被炸驚了，發瘋似的向陳家祖廟廣場衝去。人們見勢不妙，紛紛拿起傢伙向牛打去。這樣一來，牛就被驚得更加厲害了，挺著利劍一般的牛角，胡亂衝撞。眼見那頭瘋狂的公牛，以子彈一般的速度衝向巡撫和知府落座的方向，許多人嚇得不知所措，只能傻傻地看著。

在這千鈞一髮的時刻，只見一位老人挺身而出，三步併作兩步衝到前面，站了個騎馬蹲襠式護住兩位官員。這

時瘋牛已經閃電般地衝過來，老人手疾眼快，兩手迅速抓住牛肋骨，大喝一聲，猛然發力，把瘋牛掀翻在地。

兩位官員得救了，連稱此老人「真乃神人也」。

這個力鬥瘋牛的老人正是陳氏十三世祖陳公兆，當時他已經是八十歲的高齡。

五、陳長興：打破門規傳藝楊露禪

　　大家都知道，在我國古時的冷兵器時代，武術的格鬥技術是作為一項極其秘密的高級技術，被各家各派嚴格地保護著。武術技巧絕不會輕易外傳甚至外露，發源於陳家溝的太極拳也不例外，一直被作為獨家之秘珍藏著，僅在一村一姓內部流傳，且傳子不傳女。

　　相信很多人看過曾經很火的小說《偷拳》和電影《神丐》，其實那裡面講述的就是陳長興教拳於外姓的故事。故事的主人公叫楊露禪。對，他就是楊氏太極拳的鼻祖楊老先生。

　　楊露禪，河北永年廣府人，從小癡迷武術，自己也曾練過一些拳腳功夫，但因家貧，年輕時便以推車賣煤土為生。

　　當時，他聽說在河北永年縣上有一家藥店，名叫「太和堂」，裡面的掌櫃陳德瑚老先生會一種很奇妙的拳術，楊露禪一直想見識一下這種拳術是怎麼個奇妙法。

　　有一次，楊露禪在給太和堂送煤土的時候，在藥店的後院看到藥店掌櫃和夥計在練拳，他們的動作姿勢非常奇怪，慢慢悠悠的像是在摸魚。

　　楊露禪定神看了兩眼，心想：「這哪叫練拳呢？這拳也能打人？」當下便對這種傳言很神奇的拳術不以為然。

　　又過了些日子，有一天楊露禪推車路過太和堂，見藥

店門前圍著很多人。原來是廣府的惡霸王氏兄弟倆糾集了一幫「小混混」，正在和藥店的小夥計吵架，吵到後來，王氏兄弟仗著人多就要動手。沒想到藥店的小夥計身手不凡，幾個回合下來，王氏兄弟和那群「小混混」就被摔得鼻青臉腫、狼狽不堪。

楊露禪見此情景，才知道這種拳術的厲害。立刻萌生了學習這種拳術的想法，經過多方打聽，楊露禪知道了這種拳術名叫「綿拳」（也就是今天人所共知的太極拳），並且在不久後楊露禪去太和堂做了一名夥計。楊露禪比較聰明，而且人又勤快、忠厚老實，深受掌櫃陳德瑚的喜愛，於是將他送到老家陳家溝做長工。

▲傳藝楊露禪

　　當時，十四世祖陳長興恰好在陳德瑚老家的後花園設場教徒。十四世祖陳長興，人稱「牌位先生」。據說，他不管是在練拳的時候，還是在日常生活中，總是立身中正，周身協調，不偏不倚，穩如泰山。

　　楊露禪每天幫助他們打掃場地、搬運器械、沏茶倒水，之後就站在遠處高坡上的陳家果園裡，一邊觀看，一邊自己對照著比劃、揣摩。

　　這樣學了幾年，有一天晚上，楊露禪自己偷偷練習的時候被十四世祖陳長興發現了。在當時，偷師學藝可是武林中的一大禁忌，輕則要廢去所學武功，重則性命都難保。

　　陳長興問清楚事情原委之後，回想這幾年楊露禪的表現，覺得楊露禪為人忠厚，並且好學上進，於是就破例收他為徒。楊露禪學拳七年，離開陳家溝後，又兩次回來深造，歷時18年，終於成為一代宗師。

　　如今，陳家溝還留有「楊露禪學拳處」的遺址，供來

自世界各地的太極拳愛好者觀瞻。

　　關於後來楊露禪上北平（北京）為王公貴族教拳，讓太極拳被世人所知，到後來楊氏一族創編新型的「楊氏太極拳」，那都是後話，在此不加詳述。

　　總之，陳氏太極拳的發展能有當今的盛況，楊老前輩是功不可沒的。民國時期的武術詩人楊季子曾寫下這樣的詩句：「誰料豫北陳家拳，卻賴冀南楊家傳。」

六、陳發科：武德盛譽滿京華

曾聽前輩們說起過一些關於十七世祖陳發科（曾祖）的故事。

1929年，曾祖應北平（現北京）同仁堂藥店老闆邀請，前去教拳。同仁堂的管賬王先生給他說了一件事情：附近一家武館的武師，經常欺壓百姓，還常到同仁堂強行索要貴重藥品。

據瞭解，這群人的頭叫做閻雷，此人自稱是「閻王爺」，天不怕，地不怕，自己開了一家武館，長期橫行鄉里、欺壓良善。

因為有人曾見過，他雙臂掛著六百斤的重物健步行走，所以又有人送他一個綽號「六百斤」。

曾祖聽完這些情況之後，貼耳對王先生說了幾句，王先生緊蹙的眉頭隨即就放鬆下來。

過了不到兩天，「閻王爺」派了一名徒弟來同仁堂索要人參、虎骨酒等，王先生依曾祖的吩咐說，希望能去拜訪閻師傅，當面溝通。

「閻王爺」的徒弟趾高氣揚地將他們二人帶到武館門前，門口站著兩名彪形大漢，聽說這個情況後，一左一右架起王先生就往裡面走，陳發科一聲不響，跟了進去。

武館內院，一夥人正在舞刀弄槍。正中間的椅子上，坐著一個黑臉大漢，手上戴著黑牛皮護腕，腰中勒著黑牛皮腰帶，腳上穿著黑色長馬靴，渾身上下就像是一塊黑炭雕成，看上去就像那《西遊記》裡面描述的「黑熊精」。

「師父，同仁堂姓王的來了！」

閻雷揚了揚濃黑的眉毛，粗著嗓門兒問：「東西帶來了嗎？」

「小店實在沒有啊！」王先生回答道。

「放屁！大藥店會沒有人參、虎骨酒？」

「六百斤」閻雷一邊說，一邊來到王先生面前，伸手抓住王先生的右肩，疼得王先生一下子就變了臉色。

「住手！」曾祖在王先生身後喝了一聲，「北平是個講理的地方，哪有明目張膽『敲竹槓』訛人的？」

閻雷這才發現站在王先生背後的曾祖陳發科，他「嘿嘿」冷笑了一聲，放開王先生，滿臉不屑地說：「吆呵，我說姓王的今兒個咋這麼大膽兒，原來請來幫手了！」

他伸手把王先生撥到一邊，上下打量了一番曾祖，光頭，粗布麻裳，腰裡別著一根竹煙筒，怎麼看都是個沒見過世面的人。

於是，他扭頭對著王先生冷笑了一聲，問道：「王老頭，這是你從哪裡請來的武林高手啊？」

眾徒弟聽師父那帶諷刺的口氣，不由地哄笑起來！

「是啊，這是從哪請來的高手啊！」

「只怕是把『和稀泥』的高手吧？」

「不，是戳牛屁股的高手！」

......

待他們嘲諷完後，王先生依照之前曾祖給他說過的計畫，沉著地對閻雷說：「這是我們店裡的一個夥計，高手談不上，不過練過幾年拳腳，想約個日子和您比劃比劃，不知閻師傅......」

一聽到說要較量，閻雷就明白了，心想這個不起眼的老漢可能還真有點兒本事，於是他說：「好，三天後我會會你請來的這位高手！」

王先生看了看異常冷靜的曾祖，對「六百斤」說：「那咱們一言為定！」然後和曾祖一起離開了武館。

三天後，閻雷武館裡熱鬧非凡，不少平日受盡他欺辱的街坊前來為陳發科助威。

曾祖陳發科和王先生來到武館時，閻雷的大徒弟正在耍槍，而閻雷正在向站在兩旁的人吹噓：「俺這閻家槍，不是吹的，耍起來風雨不透！」

他話音未落，來到跟前的陳發科，微微一笑，摘下頭上的禮帽，「嗖」的一聲，照著閻雷的大徒弟扔去，不偏不倚，正好扣在他的頭上，惹得眾人一陣大笑，而閻雷頓時就變了臉色。

王先生見狀，乘勢給大家介紹說：「諸位，這位是在下的同鄉，河南懷慶府溫縣陳家溝的陳發科，初到北平，想與閻師傅切磋技藝，並請各位指教！」

閻雷看到這個情形，更是氣不打一處來，跳下場子對曾祖陳發科說：「來來來！咱倆試試。」

起初「六百斤」閻雷試探性地打出了兩拳，都被曾祖陳發科躲過。時間一長，「六百斤」顯得有些不耐煩了。這正犯了武家大忌，因為心煩便會意亂，意亂就容易氣浮，氣浮則會下盤不穩。

閻雷照著曾祖心窩虛晃一掌，然後雙手齊出，想抓住曾祖的雙肩，將他扔出去，但曾祖早已看出了閻雷的心思。只見曾祖一縮身，用雙肘架開「六百斤」的雙手，出掌直砍閻雷的雙肋，閻雷見勢急忙往後避退，說時遲，那

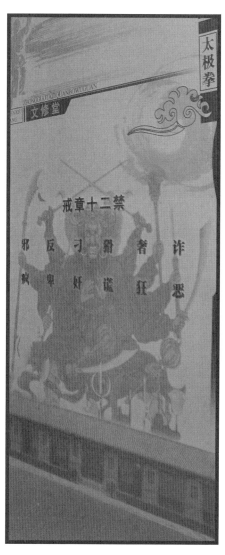

時快，曾祖趁他後退躲避之時，一個肩靠，將後退不及的「六百斤」打得坐倒在地上，直滑出幾尺遠。

閻雷哪裡如此丟過人，心中大怒，起身掄掌，招招都直奔曾祖的要害部位。曾祖進退自如，「六百斤」連一下都沒能打中他。

起初曾祖並沒有打算還手，只想找個機會，按壓住他，讓他知難而退，但現在看到他招招致命，心中也有點不忍。眼瞅著閻雷的雙臂直衝自己的命門，曾祖心念一動，一個側身引進，拖住閻雷的雙手，順勢一拉，同時他提起右膝，頂在了閻雷的小腹上。

閻雷「噔噔噔」一連退了幾步，終因立足未穩，仰面朝天摔倒在地，爬了幾下也沒爬起來，捂著肚子在地上呻吟。要不是曾祖手下留情，這個「假閻王」可能就得去陪「真閻王」下棋去了。

閻雷吃了個大虧，自覺無臉再在京城混下去，當夜就收拾了細軟，灰溜溜地離開了。

曾祖在北平挫敗「六百斤」閻雷之後，名聲大噪，很多武林同道想見識一下他的功夫，但曾祖總是對別人說：「我不中。」即便被迫與人比試時，他也從不傷到對方身體。時間長了，武林中人乾脆就叫他「陳不中」。他高尚的武德，至今都是我們後輩學習的榜樣。

曾祖在北平期間，曾被邀請作為顧問去參加武術比賽。在研究比賽的規則時，有人提出以15分鐘為限，曾祖說時間太長，一般三分鐘即可，甚至只需裁判口中念「1、2、3」即可。

東北大學武術教練李劍華猶豫道：「那麼快能決出勝負嗎？」

曾祖笑著說道：「咱倆可以試試。」

李劍華身高六尺、體重一百多公斤，擅長八卦掌。比試開始，李劍華剛起掌近身，就被陳發科用內勁「彈」出一丈開外，但身體完好無損。李劍華佩服得五體投地，遂拜陳發科為師。

於是比賽的規則採用了曾祖的建議。

比賽期間，當時全國一流的摔跤手沈三莅要與陳發科比試，曾祖便伸出雙臂，讓沈三莅抓住。在場的人都瞪大了眼睛想看個究竟，豈料不到3秒鐘，雙方沒做任何動作，二人竟相視一笑，就算結束了！

兩天後，沈三莅提著禮品專程趕到中州武館，一見到曾祖，便連聲稱道：「謝謝陳師傅的不打之恩。」旁邊正在練功的徒弟們不知道怎麼回事，都是一副莫名其妙的表情。

看到這個情形，沈三莅更為感動，豎起大拇指，對曾祖的徒弟們說：「你們的師傅是這個，不但功夫好，人品更好！前天我們比試，一伸手我就已經輸了，他讓我抓著他的胳膊，我想借勁借不上，想抬腿也抬不起來，陳師傅要想摔我，一摔一個準！可他當眾給我留了面子，背後還不宣傳，真是佩服！佩服！」

曾祖經常告誡他的弟子與後人：「和人推手，發勁必須加在胳膊上，不可直接發到對方身上，以免傷及內臟；在不瞭解對手功力的情況下，不能撒手，以防對手跌傷……」

曾祖也沒有武林中普遍存在的門戶之見，每當有人問他哪種拳好，哪種拳不好時，他都會很嚴肅地說：「哪種拳都好，不然早就被淘汰了。」

當時的武術詩人楊敞曾寫詩稱讚曾祖陳發科：「都門太極舊稱楊，遲緩柔和擅勝場。不意陳君標異幟，纏絲勁勢特剛強。」

七、陳照旭：陳家溝裡的一代標杆性人物

在陳家溝，只要人們掰起手指頭算一下第十八世的太極拳傳人，就不能不提到一位不曾被外界人所熟知的人物——陳照旭，也就是我的祖父。

不僅僅是因為他是十七世宗師陳發科的兒子，也不僅因為他是當今十九世掌門人陳小旺大師的父親，最為重要的是，在那群雄並起、高手如雲的十八世傳人中，他高深的武功一直受人敬仰。

可惜天妒英才，陳家溝的一代太極高手蒙冤抑鬱訣別於那個特殊年代，實在讓人扼腕歎息。

村裡一直流傳著爺爺這樣的一個故事：在1952—1953年的某一天，村裡續寫家譜，因為村北頭的陳立業、陳立智兄弟家比較寬敞，所以地點定在了那裡。

爺爺剛進門，屋裡的十幾號人，看到爺爺都起身與他握手、打招呼，這時陳立智叔叔從爺爺身後反手扣住了他的一隻胳膊，笑道：「這一招你怎麼破？」

爺爺微微一笑，說：「小侯，你作死呢？」（河南話，找死的意思，開玩笑的言語。陳照旭和陳立智同歲，但輩分要高，所以稱陳立智的小名小侯。）

「死」字還沒說出口，爺爺猛地一發勁，將陳立智叔叔直接從背後騰空抖起，陳立智叔叔雙腳朝上，頭朝下，

腳打在三米多高的橫樑上。就在陳立智叔叔下落之時，爺爺一個箭步，雙手將他穩穩接住，放在地上，當時陳立智叔叔已經是面如土色。

當時，爺爺比較清瘦，僅僅六十公斤左右，而陳立智叔叔將近九十公斤。

時至今日，每每聽村裡老人們談起爺爺的故事，那一個個逝去的精彩功夫傳奇和叱吒風雲的畫面，就會清晰地呈現在我的腦海裡。

每次我都在心底為爺爺暗暗叫好，為那博大精深、高深莫測的太極功夫叫好，自身的自豪感和追及目標的信念就會愈發強烈。

▲陳氏後人於祖祠前演練太極拳

八、陳照丕：暮年授徒，太極拳後繼有人

我曾經聽村中的老人說過：「陳氏太極拳能夠有今天，陳照丕、陳照奎的功勞最大。沒有他倆，陳家溝恐怕今天會練拳的人已經不多了。」起初我覺得老人們可能言過其實，後來，我查閱了一些資料，才真正明白老人們的話毫不誇張。

抗日戰爭爆發後，十八世祖陳照丕加入了范庭蘭領導的地方抗日武裝，衝鋒在抗日前線。後來，十八世祖應邀，出任黃委會機關的武術教官。

在 1941 年前後，兵荒馬亂之際，溫縣一帶發生了蝗災，村裡人大多逃荒而去，只剩下了幾十口人。窮習文，富習武，連飯都吃不上，大家也都沒心思練拳，幾乎就是從那時起，陳氏太極拳在陳家溝就漸漸地絕跡了。

1958 年，65 歲的照丕公退休回到老家，發現陳家溝裡竟然已經沒有人會練太極拳了，不禁老淚縱橫，於是號召村裡的年輕人到他家裡學拳。可好景不長，緊接著「十年浩劫」開始了。

照丕公因為在國民黨政府的國術館裡當過教官，成分不好，很快就被「打倒」了。有人還告發他召集年輕人夜聚明散搞宗派活動，於是對他批鬥、遊街等百般凌辱。

可憐的照丕公竟然被逼得走投無路，只能選擇跳井自

殺！好在發現得早，照丕公才撿回一條命。

　　大約是1968年前後，報紙上發表了一條毛主席關於提倡打太極拳的語錄，照丕公看到後，喜出望外，就去找村支部書記張蔚珍老先生，問：「這練拳不犯法了！你說我這拳還能不能教？」

　　張老先生不僅沒有拒絕，而且還對照丕公說：「可以練，你只要是正經教拳，出了問題我負責！」

　　後來聽我的叔叔陳小旺談起過，當時照丕公已經是七十多歲的人了，他重點培養4個人：陳小旺、陳正雷、王西安和朱天才。他們也不負所望，成為當代「陳氏太極拳」的代表人物，武林中稱之為「四大金剛」。

　　1972年9月，河南省要舉行武術表演賽，點名要陳家溝派人參加。照丕爺爺格外興奮，早晚忙著培訓隊員。等

▲陳家溝之溝

到比賽結束，80歲的照丕爺爺也因急性黃疸性肝炎住進了醫院，同年12月30日，照丕爺爺不幸與世長辭。

照丕爺爺去世的時候，4位叔叔已經掌握了陳氏太極拳的基本套路，但是火候還不到，也缺乏實戰經驗。為了能讓這4個人真正成為陳氏太極拳的一代名手，老支書張老先生專程去北京將陳氏十七世祖陳發科的小兒子陳照奎爺爺請了回來，教授小旺叔叔4人。

陳氏太極拳能有現在的發展，也應當感謝老支書張蔚珍老人，當年為了培養這「四大金剛」，專門去北京把照奎爺請回來，給他安排住處、起小灶，每月還付給他幾十塊錢的工資，並且他還提出每天早起在大隊部練拳，誰來給誰記兩個工分的獎勵措施，鼓勵大家練習太極拳。

現在陳家溝裡那麼多人會打太極拳，很多都是當年集體練拳的結果。

九、太極拳：名揚四海陳家溝再煥生機

從古到今，武術一直都是很神秘的東西，武林中各門派對其武學保護嚴密，絕不輕易外傳、外露。發源於陳家溝的太極拳也不例外，一直被作為獨家之秘笈珍藏，僅在一村一姓內部流傳，且傳男不傳女，雖然時時有人前往探秘，但也僅能窺究一二，難得全景。

舊時文化生活非常單一，陳家溝人耕田閑餘，總會聚在一起談武論技、切磋交流，當時社會並不安定，為了保村護家的需要，村裡有幾戶富庶人家，各自出錢成立拳場，邀請村裡名師到自家拳場教親朋好友和子侄練拳。

村南村北之間也時常串場子交流，逢年過節祭祖朝拜也會演武助興，習武之風逐漸在村裡形成，成為當地的一大特點。

所以當地流傳諺語：「會不會，金剛大搗碓。」「喝口陳溝水，都會踢踢腿。」「張圪壋到處放羊，陳家溝淨些拳把行（張圪壋是陳家溝西邊的一個大村子）。」「陳家溝人睡在筐裡——會蜷（會拳）」等等。

隨著時代的進步和觀念的改變，人們意識到，舊時的保守與保密已經是阻礙傳統文化發展與生存的一大癥結，推廣與普及才是對本門本族文化的最大保護，於是陳家溝人開始走出家門，到全國各地乃至世界各地宣傳弘揚太極拳。

最具有代表性的人物還屬當代陳氏太極拳的「四大金

剛」，目前他們主要忙碌於國際太極拳文化的傳播與交流活動，或出國訪問指導，或接待外賓表演，或出版理論專著……

現在，村中開設了許多像「陳家溝國際太極院」等一系列具有很高專業水準的專門執教太極拳的學校，不僅教授和指導村裡百姓練拳，還吸引著周邊村、縣的愛好者加入，更是面向世界各地招生，將太極拳推廣到社會的每一個角落。

每當週末或者寒、暑假，清晨破曉時分，你都可以看到一大批的小孩，他們有的甚至只有三四歲，也會很早起來，相聚在陳家溝國際太極院門前的空地上，跟著老師學習太極拳，傳承屬於陳家溝人自己的文化。

另外，在陳家溝，小學、初中體育課程中都有太極拳訓練，初中升高中有太極拳的加試，高中考大學還能夠因會太極拳特長而加分。

隨著太極拳文化在世界上的興起，每年到陳家溝拜師學藝的人越來越多，走在這個偏僻的小鄉村裡，你會碰見很多不同膚色的外國太極拳愛好者，陳家溝也被人們親切地稱為「太極溝」，被形容為世界太極拳的「桃花源」。

韜光養晦，厚積薄發。研究太極拳的發展歷史，我們不難發現從太極拳問世至今三百多年以來，從沒有過像今天這樣擁有如此巨大的力量。

我們相信，未來的陳家溝一定會成為一個世界性的健身休閒中心，世界各國的太極拳愛好者都能來到這裡，跟著陳家溝人學習地地道道的陳氏太極拳。

第二章

穿越時空，
太極拳向我們走來

你是否知道太極拳曾經不叫太極拳？

你是否知道陳家溝曾經不姓陳？

你是否知道現在太極拳已經分為六大門派？

在歲月的長河裡，

人們傳唱著那些經久不衰的故事和傳說，

講故事的人們老去，聽故事的人們繼續吟誦。

中國古老的太極拳術，

在新的土壤裡，生根、發芽、成長。

厚積薄發，在這裡，

我們將為您還原一個最真實的太極拳世界。

一、太極拳的源流、發展及演變

「太極生兩儀，兩儀生四象，四象生八卦。」可能大家都知道有這樣的一句話，但它究竟源自何處？太極拳為什麼要叫做太極拳？鄧小平曾經題詞：「太極拳好。」它究竟好在哪裡？太極拳為什麼會成為世界級的非物質文化遺產？

關於太極

「太極」一詞，最早出現在我國一部古老而深邃的經典《易經》中：「易有太極，始生兩儀，兩儀生四象，四象生八卦。」其中所說的太極是指天地未開、一片混沌的狀態。兩儀則是陰、陽二儀。把它說得通俗一點兒就是在這宇宙萬物之中，任何事物都有其兩面性，他們相互依存、相互鬥爭。

這也是物質世界的一般規律，也是事物產生與毀滅的根由所在。天地之道，以陰、陽二氣造化萬物。天地、日月、雷電、風雨、四時、子前午後以及雄雌、剛柔、動靜、顯斂，萬事萬物，莫不分陰陽。人生之

理，以陰陽二氣長養百骸。經絡、骨肉、腹背、五臟、六腑，乃至七損八益，一身之內，莫不合陰陽之理。這一理論建立至今已有兩三千年，仍在為人們描述萬象。

關於太極拳

太極拳早期叫「綿拳」、「軟拳」、「長拳」、「十三勢」等，直到清朝乾隆年間，在著名的內家拳行家王宗岳的著作《太極拳論》中才確定了太極拳的名稱。

《太極拳論》的首段即以「太極」立論，他說：「太極者，無極而生，動靜之機，陰陽之母也……雖變化萬端，而理唯一貫。」可以看出，太極拳與太極、無極、陰陽、五行、八卦等中國古典哲學概念有關，而其中的貫穿者是「太極」。

太極拳運動形式動靜相兼，運動過程中剛柔並濟，著法圓活如環無端，運動作勢，無中生有，與「太極生兩儀」的哲學觀念恰好吻合，所以世人也就接受了太極拳這一說法並沿用至今。

關於太極拳流派

太極拳經過長期流傳，演變出許多流派，它們之間或多或少都存在著一些關聯。民國時期的武術詩人楊季子曾寫過這樣的詩句：「誰料豫北陳家拳，卻賴冀南楊家傳。」其實講述的就是楊式太極拳與陳氏太極拳之間的故事。

河北永年人楊露禪是楊式太極拳的始祖，他師出於陳家溝的陳長興，並與其子楊健侯、其孫楊澄甫等人在陳氏太極拳的基礎上，創編了「楊式太極拳」。

清末河北永年人武禹襄在楊露禪從陳家溝返鄉後，深愛其術，向楊露禪學習陳氏老架太極拳，後又從陳清平處學習陳氏小架，然後結合自身的創意與想法，創編了「武式太極拳」。

河北完縣人（現在的河北保定順平縣）孫祿堂，起初拜師學習形意拳，繼而又習得八卦掌，最後學習太極拳，學有所成之後，他參合八卦、形意、太極三家拳術的精義，融合一體創編了「孫式太極拳」，所謂「太極腰、八卦步、形意勁」即是如此。

楊式太極拳

楊式太極拳是楊福魁（1799—1872 年）創編。楊福魁字露禪，就學於陳長興。陳長興為陳家溝十四世太極拳宗師。楊露禪久慕太極拳的奧妙，三下陳家溝向陳長興學太極拳，藝成後進京（北京），京城武師向其挑戰，盡皆敗北。因而名聲大噪，當時武術界均稱「楊無敵」，一時王

公貴族從學者眾。後太極拳宣傳養生功效，經楊澄甫大力更訂後，發展成為楊式太極拳，其基礎實為楊澄甫奠定。（有民國武俠小說言：楊露禪久慕陳家溝陳氏太極長拳，三下陳家溝學的也是陳氏太極長拳。）

傳子楊班侯、楊健侯（1839—1917年），後其技由其孫楊少侯、楊澄甫（1883—1936年）傳承。

楊澄甫以大架為本，最後定型為當今流行的「楊家太極大架」。楊家內部仍然有大、中、小和長拳的傳授，但是拳架招式是以楊澄甫定型的大架為主。而且這四個架勢並不是四套拳，只是一套拳的四種打法。

楊式太極拳對手、眼、身法、步法有嚴格的要求，練拳和推手，手、眼、身法、步法按要求做到正確才能收到良好的效果。

吳式太極拳

吳式太極拳是太極拳的一種，亦稱「吳家太極拳」（其家族對之的稱呼）或「吳式太極拳」，主要從楊式太極拳的拳式上發展創新而成。楊式太極拳原有大架和小架

之分，吳式太極拳是在楊式小架拳式基礎上逐步修訂的。

吳鑒泉（1870—1942年），滿族人，本名烏佳哈拉·愛紳，中華民國成立後隨漢人習俗，取漢姓「吳」（以「吳」與「烏」諧音），河北省大興縣人，自幼從其父全佑學太極拳。全佑（1834—1902年）在北京學拳於楊露禪。許禹生在《太極拳勢

圖解》裡寫道：「當露禪先生充旗營教時，得其真傳蓋三人：萬春、凌山、全佑是也；一勁剛、一善發人、一善柔化；或謂三人各得先生之一體，有筋骨皮之分。」

全佑任端王府（載漪）侍衛時先學楊露禪的大架，後又學楊班侯初改的小架互相吸收融化，傳至其子吳鑒泉時，又經數十年的融匯和發展，遂形成柔化為主的一種緊湊、大小適中的拳術，即吳式太極拳。吳式太極拳共108式（不同的招式分解可能有不同的計數），不僅在中國國內，而且在美國和東南亞一帶也頗為盛行。

吳式太極拳以柔化著稱，動作輕鬆自然、連續不斷，拳式小巧靈活。拳架緊湊，緊湊中不顯拘謹。推手動作嚴密、細膩，守靜而不妄動，亦以柔化見長。

☯武式太極拳

武禹襄（1812—1880
年），名河清，字禹襄。
河北省永年縣廣府鎮東街
人，清朝秀才，雖出身書
香門第、官宦之家，但他
淡泊名利，歸隱於家鄉教
本族和鄰居孩童讀書，並
且自己以習武為樂。

當時，陳家溝陳氏族
人陳德瑚在永年縣做藥材
生意，租用的是武禹襄家
的房產，相傳，武禹襄見陳氏族人練習一種高明的拳術，
非常喜愛，但礙於自己的身份和地位，無法去拜師學藝，
於是委託同鄉好友楊露禪赴陳家溝，拜陳長興為師學藝，
回來後共同研討，自己則出資供養楊露禪全家。

楊露禪先後三赴陳家溝學藝，每次回來都將所學分享
出來與武禹襄探討，最終武禹襄還不滿足於楊露禪所學，
親赴陳家溝請教。當時陳長興已年邁，介紹他去陳清平處
學拳，陳清平傾囊相授，武禹襄亦加倍努力，日夜研習，
理法盡通。

後來，武禹襄兄長武秋瀛於舞陽鹽店覓得王宗岳的
《太極拳譜》和一幅未留作者姓名的《太極拳概要圖》和
一本《拳論》，二人苦心鑽研書中學術，並將自身所習各

派武術融合、改良，創立了一種新型的太極拳術即現在的武式太極拳。

武式太極拳特點為身法謹嚴、姿勢緊湊、動作舒緩、步法嚴格、虛實分明，胸部、腹部的進退旋轉始終保持中正，用動作的虛實轉換和「內氣潛轉」來支配外形，左右手各管半個身體，出手不過足尖。

☯孫式太極拳

孫式太極拳是武術百花園中的一朵豔麗的奇葩，是由孫祿堂先生集形意、八卦、太極之大成，冶三家於一爐，所創立的優秀拳種之一。

孫祿堂（1860—1933年）名福全，字祿堂，晚號涵齋，別號活猴。河北望都縣東任疃村人，是清末民初蜚聲海內外的著名武學大家，堪稱一代宗師，在近代武林中素有「虎頭少保」、「天下第一手」之稱。

孫祿堂從小就酷愛武術，早年隨形意拳大師郭雲深學習形意拳，並從八卦掌大師董海川弟子程廷華處學習八卦掌。後來，因為照顧病中的武禹襄傳人郝為真，蒙其傳授太極拳學。孫祿堂將三者合而為一，自成一家，人稱孫式太極拳。

孫式太極拳的特點是進退相隨、舒展圓活、動作靈敏，轉變方向時多以開合相接，又被人稱「開合活步太極拳」。因內含八卦掌千變萬化的特色，故又稱「八卦太極拳」。

☯ 和式太極拳

和式太極拳始創於清末河南溫縣趙堡鎮太極拳名家和兆元（1810—1890年），因地域亦被稱為趙堡太極拳。和兆元從學於陳家溝十四世太極拳小架宗師陳有本之族侄陳清平，並逐漸形成自己獨有的風格。

它的特點是小巧緊湊、動作緩慢，練會後逐漸加圈，以致極為複雜。

因為是在河南溫縣趙堡鎮首先傳開的，故人們稱為「趙堡架」。後經中國武協正式定名為「和式太極拳」。

趙堡太極拳拳架輕靈圓活、動作舒展大方。演練時，步活圈圓，環環相扣，無明顯發力動作，套路貫穿，有柔有剛，在掌握套路後，即逐步化圓為圈、由簡到繁，提高技巧、難度。趙堡太極拳，在走技方面擅長拿、跌、擲、打、靠諸藝，又有各種擒拿與反擒拿動作融於套路中，使其技擊特點甚為突出。

二、走進陳家溝，瞭解陳氏太極

一個小小的村莊為何幾次更名？它又怎麼會聞名於世界，吸引大批的國際友人赴村學習？在陳家溝又流傳著哪些有趣的故事和傳說呢？

☯陳家溝的來源

說到陳氏太極拳，就一定得講述一個地方：河南溫縣陳家溝。河南溫縣陳家溝位於城東5千公尺處的清風嶺中段，600年前叫常陽村。

明朝洪武五年（1372年），朱元璋為了調整因為戰亂和屠殺造成的人口不均的現象，下令山西省洪桐縣居民向懷慶府屬地（現河南省焦作市、濟源市以及新鄉市的原陽縣所轄地域）移民。

當時有一位精通拳械的年輕人叫做陳卜，早期時候他定居在山澤州郡（今晉城），後來由澤州搬遷到山西洪桐縣居住，在陳卜搬去洪桐縣不久之後，就接到了朱元璋的移民命令。由於遷

徙人員眾多，所以當時管轄「移民」的官員把所有人集中到洪桐縣統一發配。

在明朝洪武七年（1374年），陳卜隨一大批遷徙者流浪到河南懷慶府（今沁陽）落戶。但懷慶府的地勢比較低窪，黃河水稍微大一兒點就會受到洪澇災害，於是陳卜又再次遷徙，全家移居到了溫縣城東十里的常陽村。

常陽村是一個風景秀麗的地方，有多條從南到北的深溝常年水聲潺潺，深溝兩邊綠柳長青。據《溫縣縣誌》和《陳氏家譜》記載，始祖定居常陽村後，勤勞地開荒耕種，陳氏一族先是六世同居，到第七世的時候才分家，且家業興隆、人丁旺盛。

隨著陳姓家族的壯大，該村由常陽村更名為陳家溝村，又稱陳溝。因為陳家溝裡很多人的祖先是從山西洪桐縣一棵大槐樹下統一發配遷徙至此，所以在陳家溝還流傳著這樣一句諺語：「問我祖先來何處，山西洪桐大槐樹。」

☯喝喝陳溝水，都能蹺蹺腿

早年，陳家溝還不被很多外人所知的時候，人們在耕種閒暇之餘，總會聚在一起談論武技、切磋交流。那時候世道並不太平，土匪打家劫舍的情況經常出現，為了保村護家，村裡的幾戶富庶人家，一起湊錢成立了拳場，邀請村裡名師到自家拳場教親朋好友練拳，村南、村北之間也時常串場子交流。

逢年過節祭祖朝拜時，也會用演武助興，習武之風逐漸在村裡形成，成為當地的一大特點。

▲左起陳炳之子陳紹桐、女兒陳奕君、內侄李昕橦

現在，陳家溝因為太極拳而聞名於世界，每年都會有大批的太極拳愛好者慕名前來陳家溝學習。如今，村中矗立的大大小小的太極院可達數十家。村裡上至八十歲老翁，下至幾歲孩童，幾乎人人會打太極拳。遊歷溝中，練拳之人隨處可見。

自從明末清初陳家溝陳氏九世祖陳王廷創編了太極拳以來，陳家溝人代代相傳，名手輩出，傲然屹立於中華武術之林。

陳小旺、陳正雷、王西安、朱天才被武林同道譽為「四大金剛」，蜚聲於海內外；更有陳自強、陳鵬飛、陳娟等一批後起之秀，早已在國內外大賽和太極文化交流活動中嶄露頭角。

所以外界一直盛傳：「喝口陳溝水，都能蹺蹺腿。」

☯會不會，金剛大搗碓

記得屠洪剛曾經在歌曲《中國功夫》中唱到：「行家功夫一出手，就知道你有沒有。」在陳氏太極拳練習者中也流傳著一句俗語：「會不會，金剛大搗碓。」也就是說，你陳氏太極拳功夫練得如何、火候幾成，不用看完整的套路，只需看一看「金剛搗碓」就明白了。

「金剛搗碓」是陳氏太極拳中一個非常有代表性的拳勢，它充分體現出了陳氏太極拳特有的輕沉兼備、螺旋運化、剛柔相濟、曲折連貫、腰為主宰、以身帶臂、節節貫穿的韻味，淋漓盡致地表現纏繞諸靠、螺旋進退、上驚下取、套封插進、閃轉騰挪、腿手並進、柔化剛發的技擊風

格。如果這些都已經練好了，那說明你對陳氏太極已有了很深的理解。

有人說，陳氏太極拳有特別的竅門，不向外傳，所以外人學不好。

其實，這完全是無稽之談，太極拳學得好壞與否，除了明師指點之外，最主要還是看自己是否下了真功夫。正所謂：「師父領進門，修行在個人。」

陳照丕老先生晚年時說過：「打太極拳必須要有恒心，就是對太極拳要有信心、有決心、有耐心，持之以恆，每天鍛鍊，無論寒暑風雪，都從不間斷，時間長久，自然能心領神會，得到拳中奧妙。否則，如果三天打魚，兩天曬網，只會徒勞無益，貽誤終身，悔之晚矣。」

三、練拳湏知：法無定法，拳無定拳

很多太極拳初學者有同樣的疑問：**太極拳的姿勢做到什麼程度才算是到位？**

其實不應該擔心這個問題，太極拳練習的方法與別的運動練習方法不同，無論初學者，還是已經有一定基礎的太極拳愛好者都應該注意：**法無定法，拳無定拳**。

我們在按照本書中圖解演練太極拳時，只需要動作要領做到即可，不需要刻意追求和圖解中一模一樣的效果，因為每個人的身體素質和條件不一樣，刻意去追求統一的效果往往會適得其反，不僅起不到鍛鍊自身的目的，而且還有可能拉傷自己。練習太極拳時應注意要讓拳來適應自己的身體，而不是讓自己刻意去追求某種效果。

大致說來，練習太極拳可以分成三個階段：「招熟、懂勁、神明。」

招熟是指在姿勢、動作上打好基礎，把拳套中的步形、步法、腿法、身法、手形、手法、眼神等基本要求

▲招熟　　　　▲懂勁　　　　▲神明

弄清楚，做到姿勢正確，步法穩定，動作舒展、柔和。

　　懂勁是指知己知彼，能聽出對方勁之斷續、虛實，來龍去脈，摸出形之凹凸、重心之變化，一般為太極態，陰陽交融，亦鬆亦緊，剛柔相濟，化即打，打即化，化打合一。

　　神明是指全身透空、虛無，無剛柔、無化打，沾身便彈，出手便摧，無力可擋呈無極態。

　　在全部鍛鍊過程中，不管在哪個階段、哪種程度，都要注意保持「心靜」、「體鬆」兩個基本要領。「心靜」就是指思想集中、全神貫注，做到專心打拳。「體鬆」是指身體各部位保持運動中的自然，排除不必要的緊張。「心靜」、「體鬆」是由太極拳運動的特點所決定的、最基本的要求，它對於其他要領的掌握起著決定性作用，應該貫穿於練太極拳的始終。

　　正確運用這兩個要點，更有利於掌握太極拳的其他要

領，體現太極拳的運動特點，提高健身和醫療的效果。下面是我給大家列出的幾個基本的注意點：

☯ 端 正

打太極拳首先要注意姿勢正確，特別要保持上體自然正直、腰脊中正，兩肩、兩胯自然放鬆，不可俯仰歪斜或聳肩膀、扭胯。其他部位也要按照要求切實做好。忽視任何一個部位的要領，必然牽動其他部位，造成錯誤定型和錯誤動作。例如姿勢中臀部外突，必然牽連腰部和胸部前挺、腹肌緊張。

因此，初學階段要抓住姿勢「端正」這一環節，不可貪多求快、潦草從事。這樣做開始階段可能刻板一些，靈活性稍差，但只要抓住了「身法」中的主要矛盾，其他問題也會迎刃而解。

☯ 穩 定

要使上體端正舒適，必須首先保持下肢穩定。步形、步法既是姿勢當中的一部分，又是整個姿勢的基礎。經驗表明，很多人下盤不穩，並不完全出於力量不足，而多數是由於步形、步法不當。如果步子過小、過窄或腳的位置、角度不對以及變換動作時虛實不清，勢必造成身體重心不穩。因此必須把步形、步法的要求弄清楚，可以單練各種樁步和步法，先把身體重心的變換摸清楚。這樣既利於培養下肢的支撐力量，又能把主要步形（弓步、虛步、仆步、獨立步等）、步法（進步、退步、側步、跟步等）

的要領掌握好。

另外，根據具體情況，多練各種腿法（蹬腳、分腳、擺腳、踢腿、壓腿等）和多做腰部的柔韌性練習，也可以增強下肢力量，有利於動作的穩定。

☯舒 鬆

初學時，在姿勢動作中要注意提醒自己舒鬆、自然。舒鬆不是軟化無力，而是按照規矩，儘量把動作做得舒展些。運動總是鬆緊、張弛交替進行的，太極拳也是如此。但是太極拳的特點是輕緩柔和、沉著自然，要求「運勁如抽絲」。

初學者往往不適應這種要求，容易使用拙力，造成不必要的緊張甚至僵硬，破壞了姿勢動作的端正、穩定。初學打基礎時必須由舒鬆、柔和入手，把不必要的緊張和生硬的僵勁去掉，姿勢動作力求舒展大方、自然柔和。

☯輕 勻

為了較快地掌握太極拳輕緩、柔和的運動特點，初學時，注意動作要慢、要柔，用力要輕、要勻。當然，快和慢是相對的，不是越慢越好。

一般說來，初學者動作慢一些，用力輕一些，易使動作準確，速度均勻，消除拙力。

初學時如果動作不熟練，可以在姿勢之間稍有停頓，體會一下要領，邊想邊做。但是動作熟練之後，就要努力保持勻速運動，起落轉換不可忽快忽慢、忽輕忽重。

四、知其然，也要知其所以然

因為太極拳的動作緩慢，從外形上來看，就跟「摸魚摸蝦」的姿勢差不多，所以剛開始推廣太極拳時，並沒有受到太多人的歡迎。一段時間的推廣和實踐檢驗之後，人們發現太極拳不僅能幫身體虛弱的老年人強身健體，還能更好地促進青少年身體的成長和發育，並且太極拳是內家拳，它豐厚的內涵和文化底蘊，更是可以陶冶人的性情，讓人的氣質變得儒雅。

1978 年偉大的改革開放總設計師鄧小平同志曾經親筆題詞：太極拳好。更是促進了大家學拳的熱情。如今太極拳已經成為了中國的非物質文化遺產，我們在公園、在社區，隨處可見練習太極拳的人們。

太極拳透過以柔克剛、快慢相間的表現形式，給人以

行雲流水般的美感，帶給人精神的愉悅，它是一種藝術的創作，甚至被西方人稱為「東方芭蕾」。

◐陳氏太極「最運動」

說起運動，我們可以選擇的項目有很多種，比如打球、跑步、游泳、跳舞等，但是基本上每種運動都只能鍛鍊到身體的「外在部分」，很少有運動項目能鍛鍊到體內的筋骨。而在練習太極拳的時候，你的身體無論是五臟六腑，還是奇經八脈，都是連帶著一起運動的。

陳氏太極拳有一個最顯著的特點：纏絲螺旋勁。陳氏太極拳套路上的所有動作，不論動作快慢、開合、大小、高低，參與運動的軀幹、四肢、臟腑都要走纏絲螺旋式的運動形式。螺旋式的運動形式能更好地運動到身體的各個部位，加強運動效果。

在練習太極拳時，要求在做動作時保持平穩呼吸。大家知道，人體能量來源於體內營養物質的化學反應——分解與釋放過程，而這個過程離不開人體從外界吸入的氧氣。正是因為有氧氣的介入，才讓我們在練習太極拳時感覺更加舒暢，而太極拳的動作有快有慢、有剛有柔。忽快忽慢的節奏，更是讓我們連續做幾個小時的太極拳運動也不會感覺到累。

◐陳氏太極「最健康」

練習太極拳要求姿勢中正、不偏不倚，一動無有不動，全身骨骼處於柔和活動中，既糾正了不良姿勢，又鍛

鍊了頸椎、腰椎、上下肢肌肉骨骼。加上戶外空氣新鮮以及陽光中紫外線適量照射，人體鈣質容易吸收，也就能減少由骨質疏鬆而引起的骨骼變形、折裂等病症的發病概率。

練習太極拳要求動作與呼吸配合。久而久之，肺組織得以鍛鍊而肺活量增加，免疫力改善，也就能減少患呼吸道疾病的概率。

太極拳邁步如貓行，鬆沉安舒，動作如螺旋又如抽絲。不用拙力而輕柔緩慢，不會肌肉酸痛、大汗淋漓、口渴難熬。而且長期有節律的腹式呼吸使橫膈肌活動擴大，腸胃器官蠕動加快，促使食慾增加、消化機能加強。對便秘、痔瘡等疾病也有療效。

由於太極拳重視呼吸配合，在吐故納新加強氣體交換的肺部活動的同時，必然會促進血液循環。再加上飲食合理，少食鹽，減少精神壓力，高血脂、高血壓、冠心病等循環系統疾病發生的機率也會減少。

據北京運動醫學研究所的調查，常打太極拳者平均血壓值是80.5～131毫米汞柱，對照老人組平均血壓值是82.7～154.5毫米汞柱。動脈硬化指標太極拳組為39.5%，一般老人組為46.4%。

另外，練習陳氏太極拳還能利腦養性。以陳氏傳統太極拳七十五式為例，鍛鍊者完成七十五個動作的過程，就是鍛鍊大腦記憶的過程。且練拳者全神貫注、從容不迫、以柔克剛，也是一種修身養性的體驗。太極拳鍛鍊對失眠、憂鬱、煩躁等也有一定療效。

☯陳氏太極「最養生」

養生就是指透過各種方法頤養天命、增強體質、預防疾病，從而達到延年益壽的一種醫事活動。古語有云：生命在於運動；但也有人對此提出相反的觀點：生命在於靜養。我想，生命應該在於張弛有度、動靜相宜的有序運動。超負荷、超極限的運動無疑是在消耗生命的潛能，但一味的靜養又會使人體基本的運動機能退化而影響到正常生活品質。

人到中年的時候會感覺到精氣不足、體力衰減，日子一久，身體的亞健康狀態悄然而至。想要恢復身體的健康和活力，練習剛柔並濟、內外兼修的太極拳就是最好的選擇。

在練習太極拳時，我們可以「一動無有不動」地活動身體，給各部分組織和器官一定強度和量的刺激，激發和促進身體在生理和身體形態結構上發生一系列適應性變化，使體質朝著增強的方向上轉化和發展。

對於中老年人以及慢性病病人來說，練習太極拳能推遲身體各組織器官在結構和功能上的退行性變化，能有效地起到健身、療疾、延緩衰老的作用。

中醫認為，人是一個有機的整體，由經絡貫通上下、溝通內外，內屬於臟腑，外絡於肢節。太極拳獨特的練習方式可有利於通經活絡。

首先，我們知道，情緒過於緊張或亢奮，會使人體氣機紊亂和臟腑陰陽氣血失調，而太極拳卻強調全身心地放

鬆，可削弱、轉移和克服傷病的情緒刺激，而有利於經絡的疏通。

其次，太極拳全身性地輕慢鬆柔地適當運動，會使周身暖意融融，可加大經絡傳導速度和強度，有利於脈氣在全身上下、內外循環的經絡系統中運行，有助於經絡暢通，使氣血充盈全身，滋養各臟腑組織器官，維持和保護機體功能，加強抗禦病邪和自我修復能力。

最後，在太極拳運動中，腰部的旋轉、四肢的屈伸所構成的纏繞運動會對全身三百多個穴位產生不同的牽拉、撐擠和壓摩作用。

這實際上是一種自我按摩，能起到類似針刺的作用，活躍經絡，激發精氣，疏通經絡和調整虛實，加強維持並聯繫各組織器官的生理功能，使其處於協調有序的狀態。

第三章　陳氏太極放鬆功——

修煉者的必需品

我們都知道：太極分陰陽。陰為柔，陽為剛，而太極拳就是一種「剛柔並濟」的內家拳術。

「剛」易練，「柔」難求。

只有讓身體柔起來，才能達到真正意義上的剛。

在陳家溝裡流傳著一種和以往的太極拳不一樣的「新」拳術，它不僅受到國內太極拳愛好者的好評，還受到國際太極拳愛好者們的追捧，那就是陳氏太極拳放鬆功。

從現在開始關注陳氏太極拳放鬆功，你就能發現練習太極拳越練越輕鬆的秘密。

一、陳氏太極放鬆功讓你變鬆、 變柔、變健康

太極拳的思想主柔，講究以柔養氣、以柔運化、以柔致和。很多初學太極拳的人，練習太極拳時，會感覺膝蓋疼痛，練習時間稍微長一點兒，就會感覺到很累，其實這一切問題產生的根源在於你的身體不夠「柔」，不夠柔的一部分原因在於你不夠「鬆」。

大家都知道太極拳是「剛柔並濟」的拳術。「剛」易練，「柔」難求。我發現在初學者當中，女性相對男性而言較易掌握「柔」。可能與女性本身的生理特徵、思想意識有關，由於女性肌肉耐受能力小，技擊攻防意識弱，所以在行拳過程中只要能去掉僵勁、拙勁，便會使動作很快的「柔」起來。

「柔」即柔和，是指在行拳過程中，四肢與軀幹之間相互配合時，所表現出來的一種外在的非緊、非僵、非拙的運動狀態。給人視覺上一種舒適、自然之感。

要想「柔」，首先需要在思想意識上放鬆，要有自信心，要使自己充分靜下來，可兼用意識導引動作。大多數拳種講究弧、圓，可有意識讓自己的肢體運動軌跡在弧線以及圓中進行。須注意的是，「柔」時勿「軟」。

要想「柔」，就要學會「鬆」。「鬆」即鬆開，是用意識引導軀體各肌肉、關節部位的一種相對於緊張、僵持

狀態的自身反應。

說通俗一點兒，就是用大腦指揮各肌肉、關節部位不緊張，儘量讓自己保持一種「舒適狀態」。但是要注意的是，「鬆」時不能「懈」。「懈」則癱、軟，練拳時，肢體外形上還是要保持其應有的姿勢。

太極拳的動作要真正體現出「柔」的思想，就務必對「鬆」進行徹底的理解和訓練，能「鬆」方能顯「柔」，因此「鬆」就是太極拳的第一要旨，本套放鬆功就是對「鬆」的強化訓練。

本套放鬆功由陳氏太極拳第十二代嫡宗傳人陳炳（作者）創編，是陳家溝國際太極院日常必修課，深受廣大練拳愛好者的喜歡和追捧。

本套動作是按身體的關節部位由內而外、由上而下的順序編排而成的，練習時要求調心、調息、調身，以慢求靜、求鬆、求穩，最終致柔。動作簡單，便於記憶和掌握，隨時隨地都可練習，可以整套練習，也可以根據需要選擇性地挑出某個動作單一練習。

另外長期練習本套放鬆功還有以下幾點好處：

■能提高我們身體的柔韌性和靈活性，增強我們的肢體協調性和平衡能力，預防和消除劇烈運動所帶來的韌帶和肌肉拉傷，增強肌肉的承受壓力和突發狀況的適應能力，讓我們的關節更加隨心而動。

■舒展我們的筋骨，改善我們的骨骼狀況；幫助矯正平常不良行走、坐姿帶來的骨骼錯位、變形等症狀，讓我們的骨骼重獲年輕。

　　■促進我們身體各部位的血液循環，加快身體的新陳代謝，讓我們的體能更加充沛；有效排出體內毒素，讓我們的身體更加健康。

　　■能有效地放鬆和舒展我們身體的每個部位、每寸肌膚，幫助我們緩解來自生活和工作中的疲勞感和緊張感。

二、淼頭到腳的陳氏太極拳放鬆功

1.靜心功

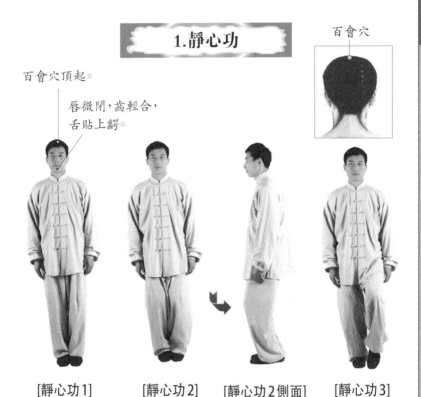

百會穴

百會穴頂起。

唇微閉，齒輕合，
舌貼上齶。

[靜心功1]　　　[靜心功2]　　[靜心功2側面]　　　[靜心功3]

　　1. 站立，雙腳併攏，雙手自然下垂。唇微閉，齒輕合，舌貼上齶，兩眼正視前方。頭部百會穴，虛靈頂天，腳下湧泉穴虛含，踏穩通地，想像自己與天地合為一體，人與自然合一。

　　2. 上半身持不變，雙膝、雙髖微微彎曲。

　　側面觀圖：上半身持直立，肩、頸放鬆，下頜微收，雙膝微微彎曲。

　　3. 身體直立保持不變，重心持穩於右腿，後背放鬆，微提左膝，左腳尖點地。

4. 身體重心保持在右腿，左腳向身體左側移動半步，腳尖點地。

5. 將身體重心移至雙腳中心位置，左腳腳跟落下。在身體重心移動的同時，雙腿由微屈轉換為直立。

[靜心功4]

———直膝

[靜心功5]

屈膝———

[靜心功6]

[靜心功6側面]

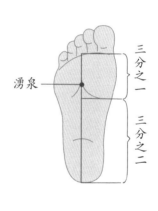

湧泉———

三分之一

三分之二

6. 上半身保持不變，閉目，雙膝微屈將身體重心微微下降，深呼吸一次。將身心放鬆、周身放鬆，安靜。靜以養心，使心氣平和，感受和尋找自己身體的重心、關節的開活、心情的平靜、呼吸的舒緩、身法的平穩。

側面觀圖：身體保持直立，肩、頸放鬆，雙腳打開，雙膝和髖關節都微微彎曲。

錯誤動作

不能仰頭。

錯誤原因：過於仰頭，使頸部肌肉不能放鬆，頸椎與顱孔連接不正，百會穴不能頂起。

錯誤原因：髖關節彎曲不夠，使身體產生後仰，導致腹部不能放鬆，腰椎受到壓力。

髖關節應微彎。

錯誤原因：在雙膝彎曲的時候，身體重心不穩，造成身體向前傾斜。

●師父指路●

本動作是靜功，靜以修心，心能靜則神自閑、身自鬆。

練習本動作主要是放鬆自己的心靈，感受呼吸而非專注呼吸，讓身體各部位在自然緩慢的呼吸中鬆弛下來。在練習此動作過程中身體應保持放鬆狀，平穩呼吸。

建議練習時間：2～5分鐘。

2.放鬆頭頸

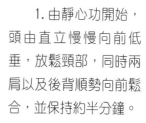

1. 由靜心功開始，頭由直立慢慢向前低垂，放鬆頸部，同時兩肩以及後背順勢向前鬆合，並保持約半分鐘。

側面觀圖：肩頸放鬆，雙膝微微彎曲。

[放鬆頭頸1]　　　[放鬆頭頸1側面]

2. 身體重心向左腿緩緩移動，頭頸順勢向身體左側做繞環。注意雙肩保持放鬆不變。

3. 身體重心由左向後移回身體中間位置。胸腹前凸，頭頸借勢輕輕由左向後繞行至後面。

[放鬆頭頸2]　　　[放鬆頭頸3]

4. 身體重心慢慢移向右腿，頭頸順勢
由後繞行至身體右側。

5. 身體重心回到
中間，頭頸滑落至胸
前位置，動作稍作停
頓，以放鬆身體、平
緩呼吸。

[放鬆頭頸4]

[放鬆頭頸5]

6. 重心向身體右
邊緩緩移動，頭、頸
順勢向右側繞環，雙
肩保持放鬆不變。

[放鬆頭頸6]

7. 身體重心由
右向後，回到中間
位置，胸、腹前
凸，頭、頸借勢輕
輕由右向後繞行。

[放鬆頭頸7]

[放鬆頭頸8]　　　　　　　　　　[放鬆頭頸9]

8. 身體重心繼續向左移動並回到雙腿之間，頭頸由後向左繞行至胸前，動作稍作停頓，肩背放鬆。

9. 最後輕輕起身，緩緩抬頭，回到起始狀態，端正站立。

●師父指路●

1.頭、頸的運動，主要依靠身體重心和姿勢的變化完成，頭、頸本身不要用力運動。

2.運動中如遇到痛點，不要勉強通過，要在此處停留並逐漸完全放鬆，達到無痛而過。

3.動作宜慢，不宜快，越慢越能放鬆徹底，越能避免和緩解傷痛。

建議練習次數：可以左右各轉動2～3週。

3.肩胸伸展

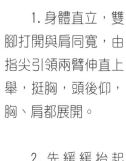

1. 身體直立，雙腳打開與肩同寬，由指尖引領兩臂伸直上舉，挺胸，頭後仰，胸、肩都展開。

2. 先緩緩抬起頭，雙手緊握成拳，雙肘往身體後下方拉，再次挺胸。

[肩胸伸展2]

[肩胸伸展1]

3. 肩、胸放鬆，髖、膝放鬆，微微下蹲，兩肘放鬆合於體前。

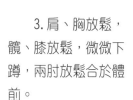

[肩胸伸展3]

[肩胸伸展3側面]

雙手儘量前伸

弓背

4. 低頭弓
背，深吸氣後
呼氣推出雙
手，雙手盡力
往前伸探。

低頭

鬆髖

屈膝

[肩胸伸展4]　　　　　　[肩胸伸展4側面]

●師父指路●
　雙臂向上伸探
時，開胸深吸氣；
雙臂向前伸探時，
合胸深呼氣。

[肩胸伸展5]　　　　[肩胸伸展6]

　5. 雙臂放鬆且放下，垂頭鬆肩，含胸弓背，全身放鬆，平穩
重心，稍作停留。

　6. 緩緩站起，身體恢復到初始姿勢。

4.軀幹旋轉

[軀幹旋轉 1]

[軀幹旋轉 2]

[軀幹旋轉 3]

1. 直立，雙腳打開與肩同寬。唇微閉，齒輕合，舌貼上齶，兩眼正視前方。頭部百會穴，虛靈頂天，腳下湧泉穴虛含，踏穩通地，雙臂慢慢向前抬起。

2. 旋轉手臂至掌心相對，然後肩、髖、肘、膝同時鬆落，屈膝，身體重心微微下降。

3. 腰部帶動胸部和肩部向左轉約90°。

掌心朝外

掌心朝上

4.左手掌心翻轉
朝上，右手掌心翻轉
朝外，繼續向左轉
腰、轉肩、旋臂仰
頭，身體擰轉至最大
角度。

[軀幹旋轉4]

[軀幹旋轉4側面]

5.緩緩抬起頭，
回腰、回肩，掌心相
對，鬆肩，雙臂下
落，逐步鬆至全身。

[軀幹旋轉5]

[軀幹旋轉6]

6.動作回落至起始姿勢。

[軀幹旋轉7]

7. 向身體右側轉腰、轉胸、轉肩。

雙膝保持微屈 ———

[軀幹旋轉8]

[軀幹旋轉8側面]

[軀幹旋轉9]

8. 仰頭，右手掌心翻轉向上，左手掌心翻轉向外，繼續向右轉腰、轉肩、旋臂。身體向右擰轉至最大角度。

9. 緩緩抬起頭，回腰、回肩，掌心相對，鬆肩、雙臂下落，逐步鬆至全身。

10. 動作回落至起始姿勢。

11. 慢慢伸直雙腿，雙臂緩緩放下，此動作結束。

[軀幹旋轉10]　　　[軀幹旋轉11]

錯誤動作

錯誤原因：右肩合閉沒有打開，從而影響後背的伸展。

●師父指路●

1.身體向左側旋轉時，左手掌心向上，手指向前領勁，帶動前胸腹無限延展、拉伸；右手掌心向外盡力推出，牽動後背、後腰無限延伸、拉開。反向亦然。

2.身體隨手臂旋轉而旋轉，頭也隨著向後逐漸仰起，將胸骨部位無限拉伸。

3.切記推掌一側的肩部不能用力夾住，要只推不夾。

建議練習次數：左右各練習1～2次。

5.側體展臂

[側轉展臂 1]

[側轉展臂 2]

1. 站立，雙腳打開與肩同寬。唇微閉，齒輕合，舌貼上齶，兩眼正視前方。頭部百會穴，虛靈頂天，腳下湧泉穴虛含，踏穩通地。

2. 由髖、腰、胸、肩、頸、頭順次而上，緩緩向右側傾斜。右手臂放鬆，雙肩放鬆。

3. 身體側展保持不變。胸部打開，左臂緩緩向身體左側抬起，與右臂貫通一線，稍作停頓，舒展身肢。

[側轉展臂 3]

[側轉展臂4]

[側轉展臂5]

4. 左臂繼續向右下方畫弧，掌心變為朝向身體，雙臂自由落體鬆至身前。

5. 由髖、腰、胸、肩、頸、頭順次而緩緩起身，稍作停頓，整理身體。

6. 由髖、腰、胸、肩、頸、頭順次而上，將身體緩緩向左側傾斜。雙肩放鬆，左臂自然垂落。

[側轉展臂6]

7. 身體側展，保持不變。胸部打開，右臂緩緩向身體右側抬起，與左臂貫通一線，稍作停頓，舒展身肢。

[側轉展臂7]

全身保持鬆弛

8. 左臂保持不變，右臂繼續向左下方畫弧，自由落體鬆至身前。

9. 慢慢由髖、腰、胸、肩、頸、頭順次起身，稍作停留，整理身體。

[側轉展臂8]

[側轉展臂9]

錯誤動作

✕

●師父指路●

1.本動作是脊椎向身體側面的依次運動。

2.當身體向左側伸展時，重心偏向右邊；當身體向右側伸展時，重心偏向左邊。

3.雙臂上下打開時，胸部也要打開；十指張開，雙手手臂上下一線儘量對拉。

錯誤原因：身體應該保持側身而不是俯身。

6.脊背鬆合

鬆髖

屈膝

[脊背鬆合 1]　　　　[脊背鬆合 2]　　　　[脊背鬆合 3]

1. 站立。雙腳打開與肩同寬，雙臂向上抬起，手指尖儘量向上伸探。

2. 鬆肩屈肘，雙手向後抱住頸部，雙肘向前。

3. 雙手保持抱住頸部不變，雙膝、雙髖微微彎曲，身體慢慢下蹲，頭、頸向前鬆垂。

4. 雙手抱頸、垂頭，背部弓起，身體鬆蹲團縮。

[脊背鬆合4]

[脊背鬆合5]

頸部放鬆

雙臂自然鬆落

[脊背鬆合5側面]

5. 雙臂完全鬆弛落下，閉眼，靜止一會兒，深吸氣一次，鼓脹腹胸，深呼氣一次且放鬆全身。

側面動作：雙腿彎曲，低頭，弓背，雙手自然下垂於身體兩側。注意身體是因為完全放鬆而團縮成一團的，而不是刻意發力收縮成圖示姿勢。

6. 雙腿慢慢站起一半，身體其他部位依然保持不變。

[脊背鬆合6]

[脊背鬆合7]   [脊背鬆合7側面]

再將身體直立

7. 鬆停片刻，由臀部開始，腰部、胸部依次向上抬起，雙臂、頭頸繼續保持鬆弛狀態。

側面動作：雙膝微微向上抬起，呈半蹲姿勢，肩、頸鬆弛，雙臂鬆落於身體兩側。

8. 先將雙腿慢慢伸直，再將身體軀幹緩緩升起，頭部、頸部依然保持鬆垂。

先將腿伸直

[脊背鬆合8]

●師父指路●

1.整個動作越緩慢越好，尤其是在起身時，整個動作更要放慢，以免頭暈摔倒。

2.動作落到最低處時，注意雙腳腳掌均勻受力，身體重心要非常自然和平穩。

3.起身過程中要確保頭、頸鬆垂不變，身體全部到位了，最後才是抬頭睜眼。

4.起身過程中要慢，可以隨時停止動作並調整身體的鬆整度。

9.將頭部、頸部抬起，深呼吸並放鬆身體，最後睜開雙眼。

[脊背鬆合9]

錯誤動作

頸部應放鬆

錯誤原因：身體下蹲手臂鬆落時，頭頸應保持放鬆、下垂，不能抬起。

不應抬頭

錯誤原因：身體升起時，頭部過早抬起，抬頭應該是動作的最後一步。

7.提踵下蹲

1. 雙腳腳跟慢慢抬起，前腳掌著地，踝關節繃緊，身體端正站穩，停留10秒鐘左右，全身放鬆。

2. 鬆髖、屈膝慢慢下蹲，雙手扶膝做支撐，可以減輕膝關節受力程度。

3. 腳跟保持抬起，身體完全下蹲，身體端正，雙臂放鬆。

[提踵下蹲1]

[提踵下蹲2]

[提踵下蹲3]

低頭

雙腳呈外「八」字形

[提踵下蹲4]

[提踵下蹲5]

4. 低頭。身體慢慢向前傾俯，腳跟相合慢慢落下，雙手支撐腿部。

5. 上半身保持放鬆狀態不變，雙腿慢慢伸直。

6. 肩部放鬆，雙臂鬆垂於體前，頭、頸鬆弛，稍作停留。

7. 緩緩起身，放鬆，調整全身。

肩部放鬆，雙臂自然下垂。

[提踵下蹲6]

[提踵下蹲7]

陳氏太極拳基礎入門

8.提膝獨立

[提膝獨立1]

[提膝獨立2]

[提膝獨立3]

1.端正站立，雙腳打開與肩同寬，身形保持平穩，且身心放鬆。

2.右腿微微彎曲，左腳慢慢抬起，腳尖兒點地，重心移向右腿，後背放鬆。身法保持鬆、定、穩。

3.慢慢提左膝至上腹部位置，左腳腳踝放鬆，身體以自然端正而保持平衡。注意身體不是靠腿部力量固定維持。保持這個姿勢幾秒鐘。

[提膝獨立 4]　　　　　　　[提膝獨立 5]

4. 緩緩放下左腿並向左開半步，左腳腳尖點地。

5. 移動身體重心於雙腿之間，再全身放鬆。檢查身體的放鬆情況，感受身體重心移動。

6. 身體重心輕輕移向左腿，右膝慢慢提起到上腹部位置，右腳腳踝放鬆，身體自然端正、平穩。

[提膝獨立 6]

7. 略停數秒，右腿再慢慢放下，向右開半步，腳尖點地。

8. 身體重心回到雙腿之間，檢查和調整全身鬆弛度。

[提膝獨立7]

[提膝獨立8]

錯誤動作

身體應自然、鬆弛，讓身體穩固不動。

●師父指路●

1. 如果腿部力量不夠或者膝關節有傷痛，難以蹲下，則適可而止，不可勉強。

2. 在動作進行中，雙腳呈外「八」字形。

建議練習次數：左右各做4~8次。

錯誤原因：提膝時，重心不能穩定，身體搖晃，引起其他肢體用力來保持平衡。

第四章

陳氏太極基本功──

基礎不牢，學拳無效

從太極拳世界冠軍到普通太極拳愛好者，都明白一個簡單而又深刻的道理：基礎不牢，學拳無效。

我們都想成為高手，我們都希望自己能更快地掌握太極拳，那我們就更應該注重這些基礎的單招，它們不僅能讓你快速地瞭解和感知太極拳，而且還能讓你在今後的練習中獲得事半功倍的效果。

萬丈高樓平地起，放棄你的傲慢與偏見，為今後的高手之路打下堅實的基礎吧！

一、學拳滇知：太極拳基礎入門初探

千里之行，始於足下。提到基本功，大家都知道它的重要性。在武術領域，無論是哪一個派別都離不開基本功的訓練，並且所有的武術教練員在教學時都會特別強調基本功的練習。

基本功在各個武術流派裡都大體相同，但每個流派又有著自身獨有的特點。陳氏太極基本功，是為了幫助人們快速瞭解、感知陳氏太極拳，觸摸到陳氏太極拳訓練的門徑而編創的由繁歸簡的高效動作組合。

很多人在練習太極拳的時候，希望找到最適合自己的方法或練習功法的捷徑，其實透過簡單的基本功動作反覆練習，讓我們逐漸體會和感悟太極拳中包含的規律性的東西，才是真正的捷徑。

任何一個學太極拳的人都必須經過基本功訓練這一關。對初學者來說刻苦練習基本功尤為重要，因為掌握紮實的基本功對以後學習套路和增長功力來說都是非常有幫助的。

初學者應以基本功訓練為主，掌握了基本功之後，再開始循序漸進地學習套路和其他功法。

自學拳起，無論學到何時，都要堅持每天練習基本功。以後，隨著功夫的不斷增長，可以每天根據學拳者的目的性有選擇性、有重點性地進行練習，但有些基本功如

站樁、發勁等每天都要堅持練習。

　　事實上，基本功能起到事半功倍的良好效果，不但學拳初期要練習基本功，堅持在中後期階段練習更能獲得新的感悟。

　　即使你已經有了一定的太極拳練習基礎，也應注重基本功的訓練，只不過訓練的著重點不同罷了。

　　我們透過站樁來感受和感知我們的身體、我們的呼吸、我們的丹田、我們的重心即身法，從而能更好地調整、調動和運用我們的身體，這是對正確身法的培養和訓練。

　　本套基本功由 10 個動作組成，第 1～4 個是對身法和運動規律的訓練；第 5～8 個是對身法和運動的統一和提高練習，也是陳氏太極拳特徵性動作的練習；第 9、第 10 個是對腿部力量、柔韌性、身體平衡力的綜合訓練。

　　正確的太極拳運動包含兩個方面：正確的身法和運動的正確性。

　　拳經上說：「太極拳，纏法也。」這也是對陳氏太極拳運動規律簡明而又精闢的詮釋，所以我們說能遵守太極拳的運動規律即為正確運動。所以我們在練習下面的基本功時，也應該記住這個運動規律，並且要堅持練習。

二、不可忽視的陳氏太極拳基礎動作

1.站　樁

【拳式說明】現在，我們大多數人練習太極拳的目的有兩種：一種是保健性，一種是武術性。如從保健性的目的來看，不一定非要練習站樁，我們也可以用站式靜功來代替；如果是從武術性目的出發，就必須長時間練習站樁。這個動作可以讓你感受和發現自己的身體、呼吸、丹田、中定和身心的虛空和諧。

1. 分腿站立，雙腳打開與肩同寬，雙手自然垂放於身體兩側，下頜微收，百會穴領起，身心放鬆，調整好呼吸，使心氣平和。

2. 雙腳踏實，雙手手臂輕輕抬起至與肩部同高的位置。

[站樁1]

[站樁2]

3. 鬆肩沉肘，屈膝鬆髖，身體緩緩下沉，雙掌掌心慢慢變為相對。閉眼，雙腿彎曲的同時，屈肘，雙臂從身體兩側下落至胸、腹前方位置，手臂下落同時雙掌掌心變為相對；做此動作的時候可以想像自己懷抱著一個大的圓球。

閉眼

膝蓋微彎

側面動作：分腿
站立，雙膝微微彎
曲，雙手猶如環抱著
一個球體。

[站椿3]　　　　　　　　[站椿3側面]

●師父指路●

1.站椿是太極拳中最簡單的動作，但也是最基礎和重要的動作，是對心、意、氣、形的專門訓練，是對靜、空、順、鬆的整體探索。外顯安逸，內固精神，不斷地調心、調氣、調身，外靜內動，動靜統一，是內家功夫的必修功法。

2.身體下蹲和手臂鬆落的高度，應根據自己身體放鬆程度的情況而定，腿部受力太累難以放鬆，感覺影響心跳和呼吸頻率，則可以採取高站姿勢，肩部太緊，心氣難以下降，則採取手臂下落至肚臍以下的輕鬆高度。

3.完整的一次站椿練習要有三個階段：一是靜心階段，心能靜則是內在的鬆；二是調身、調氣階段，使形正氣順，內外合一；三是體會成效階段，心法以及動作要領到位，則能產生正確的效果，順其自然，享受其中。

建議練習時間：由短至長，5～30分鐘。

2.行　步

【拳式說明】所謂的行步，可以看做是行走。但太極中的行走最異於平常走路的一點就是：要意氣領先，在緩慢進退運動中保持鬆、靜和身體的平穩。所謂閑來入太極，就是指以休閒之心、練功之心來開始練習太極行走功。

[行步1]

[行步2]

2.肩、髖、肘、膝同時緩緩鬆落下降。保持氣平、身穩，手肘如圖中所示，像環抱著一個圓球。

1. 雙腳打開與肩同寬，由靜站動作開始，雙臂慢慢抬起至肩部高度。

3. 上半身保持不變，提左膝，重心移向右腿，深呼吸，身體放鬆，保持身體平衡。

[行步3]

陳氏太極拳基礎入門

4. 上半身姿勢不變，左腿緩緩向前邁出，左腳腳跟著地。

[行步 4]

[行步 5]

5. 身體前移，重心平穩移向左腿，右腿輕輕提起，左腿微微彎曲，穩住重心，身法的鬆正與平穩不可受到影響。

7. 身體重心移向右腿，左腿輕輕收回併步站立，保持身穩、體鬆、氣平、心靜。

[行步 6]

6. 身體微微向右轉，右腿緩緩伸出，腳跟著地，左腿保持微屈狀，重心慢慢移向雙腿之間。（練習時可以根據場地空間大小，左右交替進行，不限步數）

[行步 7]

[行步 8]

[行步 9]

8.重心移向左腿，保持身體鬆穩，先起右腳尖，然後右腿慢慢提起向後輕輕開出，腳尖點地。

9.重心慢慢移向右腿，保持身穩、體鬆、形正，左腳腳尖先起，然後再慢慢提起左腿向後輕輕開出。（左右交替進行，不限步數）

[行步 10]

10.重心移向左腿，右腳腳尖翹起，腳跟著地。

11.輕輕收回右腿併步，動作結束。

[行步 11]

錯誤動作

身體不能前傾或後仰

錯誤原因：往前開步時，依賴身體後仰來維持身體的平衡，忘記了姿態的鬆和正。

錯誤原因：往後撤步時，依靠身體前傾來維持動作平衡，忘記了姿態的鬆與正。

●師父指路●

1.腿部在前進或後退的運動過程中，保持肩、臂、腰、腹、丹田等部位的「鬆」不受破壞。

2.無論開步還是撤步，抬腿提膝的一瞬間，注意身正氣平，提膝時很容易造成提氣收腹的錯誤。

3.只要有空間，可以持續上步或者持續退步，空間不夠，則利用上步、退步調整空間，循環往復進行。

3.左右單手纏絲

【拳式說明】太極拳，纏法也。在我的記憶裡，從我小的時候開始學拳，師父就教導我，下苦功練出太極纏絲勁來。練習左右單手纏絲時，我們需要在緩慢的開、展、鬆、落動作中感受以丹田為核心節節貫串的纏絲運動規律和以意行氣、以氣運身的內外統一關係。

單手叉腰

鬆髖

屈膝

1. 右手叉腰，重心偏移至左腿，左臂開張。注意做到全身放鬆，身體沉穩、端正。

[左右單手纏絲1]

2. 左臂輕輕向下鬆落至肋部，重心不變，雙髖和左膝微微鬆落配合，頭部領起，腰部放鬆，讓後背有上領、下垂的對拉感。

[左右單手纏絲2]

3. 重心向右腿偏移，身體微微右轉，左手隨身體轉動向右運行至腹前，掌心向上。

[左右單手纏絲 3]

4. 身體繼續右轉，左臂順勢向上、向右纏起，手心朝下，注意左邊肩、肘、膀、背呈一線舒展。

[左右單手纏絲 4]

5. 右膝慢慢打開，緩緩屈左膝使重心過渡至左腿，同時身體左轉，左肩、左肘開展至左手而回到初始姿態。 此動作循環往復4～8次。

[左右單手纏絲 5]

6. 雙腳開立，姿勢不變，換成左手叉腰，重心偏移至右腿，右臂開張。注意做到全身放鬆，身體沉穩、端正。

[左右單手纏絲6]

7. 右臂輕輕向下鬆落至肋部，重心不變，雙髖和右膝微微鬆落配合，頭部領起，腰部放鬆，讓後背有上領、下垂的對拉感。

[左右單手纏絲7]

8. 重心向左腿偏移，身體微微向左轉，右手隨身體轉動向左運至腹前，掌心向上。

[左右單手纏絲8]

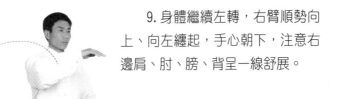

9. 身體繼續左轉，右臂順勢向上、向左纏起，手心朝下，注意右邊肩、肘、膀、背呈一線舒展。

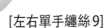
[左右單手纏絲 9]

10. 緩緩屈右膝使重心過渡至右腿，同時身體右轉，開展右肩、右肘至右手而回到初始姿態。 此動作循環往復4～8次。

[左右單手纏絲 10]

[左右單手纏絲 11]

●師父指路●

1.手落，意氣隨之而落，手至丹田，意氣歸於丹田。

2.腰轉手起，意氣由丹田至命門，然後到達後背。

3.腰轉臂開，意氣由後背至肩、至肘、至手。

建議練習時間：3～10分鐘。

11. 雙臂緩緩放下，全身鬆沉、穩定，起身動作結束。

4.雙手纏絲

【拳式說明】「纏絲勁」的形體訓練，是指肢體各部位在太極拳運動中得以「螺旋形」地纏繞鍛鍊。正如拳諺所云：「外練筋骨皮，內練一口氣，腰似蛇形腿似鑽，周身運動走螺旋。」雙手纏絲時，我們用雙手同時運動，感受左右陰陽互換的變化關係。

1.分腿開立，雙膝微微彎曲，身體重心偏於右腿，雙手右上、左下，掌心相對，全身鬆落、沉穩。

[雙手纏絲1]

2.下半身姿勢不變，身體微向右轉，左右雙臂維持掌心相對，順勢而翻轉變化，形成左上右下的姿態。

[雙手纏絲2]

3. 腰身向左轉動，
重心向左移動，雙臂隨
之微微轉動向左運出。

[雙手纏絲 3]

4. 身體繼續向左轉動，左
右雙臂維持掌心相對，隨勢而
翻轉變化，形成右上左下。

[雙手纏絲 4]

5. 腰身向右轉動，重心
向右移動，雙臂隨之微微轉
動向右運出回到初始姿態，
完成此動作的一次循環。

[雙手纏絲 5]

6. 身體微向右轉，
左右雙臂維持掌心相對
隨勢而翻轉變化，形成
左上右下的姿態。

[雙手纏絲6]

7. 腰身向左轉動，
重心向左偏移，雙臂隨
之微微向左轉動。

[雙手纏絲7]

8. 身體繼續向左轉，左右
雙臂保持掌心相對且隨勢而翻
轉變化，形成右上左下。

[雙手纏絲8]

9. 腰身向右轉動，重心向右移動，雙臂隨之向右慢慢轉動，回到初始姿態，完成此動作的二次循環。以此往復，輕輕運動，緩緩放鬆，如環無端，輕柔隨意，外如處子，內如金剛。

[雙手纏絲9]

10. 雙手緩緩放下，檢查全身，頭部領勁兒不丟，腰、臀沉勁兒不僵，中氣貫注，身定根穩，關節鬆活。

[雙手纏絲10]

●師父指路●

動作起始，身體微右轉，右手下而左手上時，意氣隨右手歸向丹田的同時又伴左手起而由後背貫通至左肩臂，一氣貫通。

建議練習時間：2～10分鐘。

5.掩手肱拳

【拳式說明】掩手肱拳是説明動作的招式，我們在練習時動作應該由慢到快。感受發力時，力起於腳，行於腿，轉換於腰，達於拳稍的拳意。注意心意、氣、力、形的內外合一和全身的協調。

鬆髖

屈膝

[掩手肱拳 1]

[掩手肱拳 2]

[掩手肱拳 3]

1. 端正站立，雙腳打開，比肩稍寬，兩臂輕輕抬起與肩同高，重心落在兩腳中間。

2. 兩手抓握成拳，鬆肩、落肘至肋部，髖膝微落，同時雙拳旋轉至拳心朝上。

3. 右腿瞬間蹬地，髖、腰、背、臀隨身體旋轉而旋轉，右臂旋轉，拳心向下順勢向前發出，左肘向左後與右拳成對拉狀發出。發力之後，全身立刻放鬆，重心略偏向左腿。

[掩手肱拳4]

[掩手肱拳5]

[掩手肱拳6]

4.雙肩放鬆，肘部回落，重心移回到雙腿之間。整理身體，調整鬆正。

5.左腿瞬間蹬地，髖、腰、背、膀旋即隨身體向右旋轉，左臂旋轉，拳心向下順勢向前發出，右肘向右後與左拳成對拉狀發出。發力之後，全身立刻放鬆，重心略偏向右腿。

6.雙肩放鬆，肘部回落，重心移回到雙腿之間。整理身體，調整鬆正。

[掩手肱拳 7]

[掩手肱拳 8]

[掩手肱拳 9]

7. 姿勢保持不變，收回左拳，右拳發力擊出。

8. 重複循環，兩肩肘放鬆回落，重心回到雙腿之間。整理身體，調整鬆正。

9. 左腿瞬間蹬地，髋、腰、背、膀旋即隨身體向右旋轉，左臂旋轉，拳心向下順勢向前發出，右肘向右後與左拳成對拉狀發出。發力之後，全身立刻放鬆，重心略偏向右腿。

●師父指路●

1.發力是指身體各處自然協調內外合一的瞬間爆發之力，不可以用僵硬緊死的拙力。故鬆整不好，則爆發不好。

2.訓練時先慢練，先求動作鬆順協調、不過不丟，再求在高速運轉爆發中動作不過不丟。

3.一側發力完成後，要重新找回身法，慢慢調整好身體以後，才可以準備激發另外一側。

4.注意動作、呼吸、意念的順應配合。

建議練習時間：慢練1～2分鐘，爆發練習左右各5～10個。注意兩次爆發的間隙時刻，要整理好身體鬆正與鬆整。意念不可過強，過強則影響身體的協調行動能力，所以有「有意無意是真意」的說法。

錯誤動作

錯誤原因：腰、髖、背、臀旋轉角度不夠，拳臂和肩膀應該趨近於一條直線上。

錯誤原因：腰身直立旋轉，而不應該擺動太大。

6.青龍出水

【拳式說明】練習這個動作一定不能用拙力和蠻力。應該是全身先鬆沉下來之後，靠全身整體的勁兒用手臂發出，在發勁兒的同時應該感受腰、襠、腿的彈發和肩、臂崩抖的連綿與同步。

[青龍出水 1]

[青龍出水 2]

[青龍出水 3]

1. 分腿開立，左手呈掌形，右手握拳，鬆肩沉肘，兩臂微微環抱，重心偏向左腿，身體略微向右轉。

2. 身體重心向右腿移動，髖、腰、背、膀隨之左旋，右臂、左肘順勢從身體兩側對拉發出。

3. 身體再次向左側旋轉，重心保持在右腿，右手變掌，左手變拳，鬆肩沉肘，兩臂微微環抱。

4. 重心向左腿移動，髖、腰、背、膀隨之右旋，左臂右肘順勢從身體兩側對拉發出。

[青龍出水4]

錯誤動作

✕

●師父指路●

1.鬆是發力的第一準備，身體上、下、內、外協調而動，不丟、不頂、不凸、不凹，恰到好處為整勁。

2.注意左、右爆發交替間歇時，要檢查身體的鬆正、靈活，但又不失整體。

建議練習時間：慢練1～3分鐘，左右爆發練習半分鐘左右。

錯誤原因：發力時應該是由下而上，由腿帶動腰部旋轉，抖發而出，頭和身體軀幹不可以傾斜。

123

7.護心拳

【**拳式說明**】這個動作的名字叫做護心拳，很明顯地可以看出主要是保護胸肋部的，在練習這個招式的時候我們需要體會「用肘不見肘，全靠腰腿抖」的要領。

[護心拳 1]　　　　[護心拳 2]

2. 重心移向右腿（如果發力就快速移動），同時腰身、膀背向左微轉，左臂旋轉回收，拳心向內，右臂旋轉，右肘向前擊出後自然收回，拳心向內。

1. 開腿站立，腰身鬆正，身體微微向右扭轉，重心偏向左腿，雙拳拳心朝下，右手在上，左手在下，雙肩打開並保持全身關節的鬆活。

3. 重心保持在右腿，腰身鬆正，身體微微向左扭轉，雙拳拳心朝下，左拳在上，右拳在下，雙肩打開並保持全身關節鬆活。

[護心拳 3]

4. 重心移向左腿（如果發力就快速移動），同時腰身、膀背向身體右側微轉，右臂旋轉回收，拳心向內，左臂旋轉，左肘向前擊出後並自然收回，拳心向內。（左右互換，循環往復，交替練習）

[護心拳4]

錯 誤 動 作

×

●師父指路●

1.肘發力時，意念千萬不要專注於肘上，而是要體會腰、襠之勁的旋轉、抖發，勁力應順腰背上傳至肩而達於肘部，催動肘的順勢發出。

2.發力之前的準備就是意鬆、形鬆，身法穩定，爆發時各關節緊而不收。

建議練習時間：慢練時，左右各打6～10次；快練時，左右各打4～8次。

錯誤原因：肘向前伸得過大，導致不能馬上放鬆、收回。練習這個動作時，應該是發力不露形，所以稱「發肘不見肘」，整個身形鬆回原位的速度要快。

8.肩 靠

【拳式說明】靠是太極拳中發力距離最短的動作,所以被形容為貼身靠,練習這個動作時應體會在超短距離的情況下如何運用腰、髖的抖動進行發力。

2.重心向右移動,腰身隨之左轉,勁力由下而上,通過後背至右肩,同時注意左臂略微旋轉、鬆落回收,右臂旋轉,拳心向後,藉助轉體右肩順勢向前抖擊發出(然後重新回到初始姿態,重複練習6~10次)。

[肩靠1]　　　　[肩靠2]

1.雙腿前後站立,右前左後,重心偏左腿,左手掌心朝向臉部,右手掌心朝上,身法鬆正,雙臂鬆沉有重感。

3.調換步伐,左前右後,重心偏向右腿,右手掌心朝向臉部,左手掌心朝後,身法鬆正,雙臂鬆沉有重感。

[肩靠3]

4.重心向左移動，腰身隨之右轉，勁力由下而上，通過後背到達左肩，同時注意右臂略旋轉，鬆落回收，左臂旋轉且掌心向後，藉助轉體左肩順勢向前抖擊發出（然後重新回到初始姿態，重複練習6～10次）。

[肩靠4]

錯誤動作

●師父指路●

1.肩部動作一定不要過大，注意腳下及腿部、腰襠的協調，旋轉抖發，意念不在肩部，而是在整體。

2.先是慢練，由慢練找出身法最為協調合順的運動幅度，進行反覆練習使運動定型，然後再逐漸加快動作速度進行練習。

建議練習次數：慢練6～10次，然後快練4～8次。

錯誤原因：身體前傾過度，外形過於顯露，失去腰、襠的合力支持，反而無力。

9.左右蹬腳

【拳式說明】這個動作主要是提高單腿支撐身體平衡時的掌控能力，長期練習還可以增加腿部蹬力。

從實戰技擊上來説，蹬法主要是攻擊對方中下盤，以破壞對方的重心為主要目的，蹬勁在腳踝。蹬時要實腳穩踏、鬆塌襠勁。

1.雙腳打開，端正放鬆站立，雙膝微屈，雙臂相合，重心保持在右腿，左腳點地。

2.右膝保持微屈，左膝上提，同時雙手握拳輕輕抬起到胸口位置，注意提膝不提氣，鬆肩沉肘，目視身體左側出腿方向，後背挺拔，頭領身鬆，保持好身體的平衡。

[左右蹬腳1]   [左右蹬腳2]

腿與手同時打開

3. 身體重心控制在右腿上，雙臂和左腿伴隨著呼氣同時打開，此時右膝可以直立。注意，在發力時加速，快速將雙臂左腿同時發出，並快速放鬆回落。

[左右蹬腳 3]

4. 左腿發力收回後，重心移向左腿，右腳點地，雙手相合。

5. 隨著右膝提起，雙手握拳輕輕抬起到胸口高度，注意提膝不提氣，鬆肩沉肘，目視右側出腿方向，後背挺拔，頭領身鬆，保持好身體的平衡。

[左右蹬腳 4]

[左右蹬腳 5]

6. 站姿不變，換成右腳蹬出，其他要領和左腳蹬腿一樣。

7. 右腿蹬出後迅速放鬆回收，身體恢復端正。然後右腳落地，重心回復右腿，準備再提蹬左腿，如此循環往復，左右交替練習。

[左右蹬腳 6]

[左右蹬腳 7]

錯 誤 動 作

應全腳掌著地 ————

錯誤原因：支撐腿要穩固有根，支撐腳腳跟不能向
上點起，這樣很容易重心不穩。

●師父指路●

遵循由簡至難的步驟，先慢後快、先柔後剛、先低後高地
進行訓練。慢做不好不要去求快，柔做不好也不要去求剛，低
腿做不好更不要去求高腿。

建議練習時間：整體練習時間約兩分鐘，慢練一分鐘，再
發力練習一分鐘。發力時在左右換位的間歇過程中，要調整好
身體的鬆、正、平穩等整體要求。

10.左右擦腳

【拳式說明】單腿支撐上踢腿，是對身體平衡能力的掌控和周身上下運動時的協調性以及腿部後方韌帶肌肉伸展性的鍛鍊。在練習時應注意：起腿而根不浮，腿上踢而丹田氣不飄。

[左右擦腳1]　　　　　　　　　　[左右擦腳2]

1. 端正站立，右腳在前，左腳在後。雙臂上舉於頭部前方，雙肩開圓，雙手有前推、前按防護之勢，重心偏向右腿，左腳腳尖點地，準備起左腿。

2. 重心全部前移至右腿，左腿順勢上起踢出，左手、左腳自然合擊在上方，重腳輕手，以腳的上踢為主。踢完後，動作重新回到初始位置，依然是右腳在前，左腿點地在後，調整好身體姿態以及身法要領，準備再次上踢左腿。如此反覆6～10次。

[左右擦腳 3]　　　　　　　[左右擦腳 3 側面]

3. 換成左腳在前，端正站立，重心偏向左腿，右腳尖兒點地，準備起右腿。

4. 重心全部前移至左腿，右腿順勢上起踢出，右手、右腳自然合擊在上方，重腳輕手，以腳的上踢為主。踢完後，動作重新回到初始位置，依然是左腿在前，右腿點地在後，調整好身體姿態以及身法要領，準備再次上踢右腿。如此反覆6～10次。

[左右擦腳 4]

●師父指路●

1.腿部柔韌性不夠或者難以踢高的練習者，手的位置可以放低一些，但依舊是重腿而輕手，用腿去貼靠手，不能彎腰用手去打腳。應把手作為一個目標，以腳擊之。

2.注意雙肩一定要鬆圓，起腿不起氣、不拔根，不能架肩提氣。

3.動作應先輕柔、簡易，等到動作的協調感找到後，再增加起腿的高度、力度和速度。

建議練習時間：2～3分鐘。

錯 誤 動 作

錯誤原因：腳尖兒要往前踢出，而不能上翹鉤回。

錯誤原因：手放在高處不動，用腿往上踢擊，而不能用手下來觸探腳。

第五章

陳氏和諧太極十三式——

延年益壽，讓生命活出品質

幾年前，我們都在追求快節奏的生活，

經濟需要高速發展，生活需要快速運轉。

當追求和進取到達一定的程度，

我們才發現，原來我們大多數人失去了最寶貴的健康。

現在，我們需要慢下來了。

沒有時間去學習健身方法，找不到適合自己的鍛鍊項目，

成為了我們放任自己的藉口。

我國古老傳統文化之精華太極拳術，

在當代已經被越來越多的人所喜歡和追捧，

它深厚的文化底蘊和獨特的慢、

柔的運動方式，不僅能讓我們有效地祛除傷痛，

讓我們擁有健康的身體，

還能讓我們感受儒雅文化的薰陶，成為風度翩翩的君子。

一、最適宜養生的陳氏和諧太極十三式

「修身、齊家、治國、平天下」，老祖宗告訴我們，伴隨著人生的第一件大事，就是對自己身體的修煉。

現代工作生活的緊張操勞以及不健康的生活習慣，讓我們的身心長期處於疲憊、透支的狀態，在我們周圍也有很多的因「亞健康」引起病症的事例，反覆糾結著我們的神經。於是我們不得不把眼光從外引向內，去關注和關愛我們的生活和事業依賴的第一基礎——身體。

沒有時間去學習健身方法，沒有時間去鍛鍊和療養傷痛，找不到適合自己的鍛鍊項目，這些也許是束縛我們去對身體進行檢修和保養的原因吧！因而，我國古老傳統文化之精華太極拳的發展趨向，已經邁向了簡單簡化、去繁存精、科學有效的道路。

陳氏太極拳運動，順自然、合生理，最宜於養身。這套太極拳架子之首，有預備式，此式要求垂手，自然直立，全身放鬆，將思想包袱丟開，將工作勞碌忘卻，將心靈解放出來。

心中安靜，腦部即可得到好的放鬆和休息，提手舉足，開始練拳，則一動無有不動，全身骨骼、關節都順暢，全身筋絡也會隨著拳路的開展而通暢。

這套陳氏和諧太極十三式，動作簡練精到，動靜相合，剛柔互變。在練習這套太極拳時，我們應該注意以意

行氣,調和氣血、滋養臟腑而聚精養神;以氣運身,柔和肢節、溫潤百骸而強筋健骨。

我們系統學習整套拳法需要2～4天,完全演練一遍時間為2～5分鐘。本套拳簡單、易學而不失太極精義,快慢相間亦可隨心所欲,剛柔並濟展現內外兼修,是對太極拳初學者的首薦功法。

緩慢的有氧訓練,可以分解體內多餘脂肪。每日練三遍太極拳,可以將體內多餘的水分,連帶風濕,一起由毛孔排出,所以肥胖的人堅持足量(半小時以上)練習,可以減肥;另外,若能每日練習三次太極拳,可使血脈通暢,讓你精神飽滿、心情舒暢,時間長久更是能延年益壽。

二、靜心，養氣，溫潤身心，修煉陳氏和諧太極十三式

1. 預備式

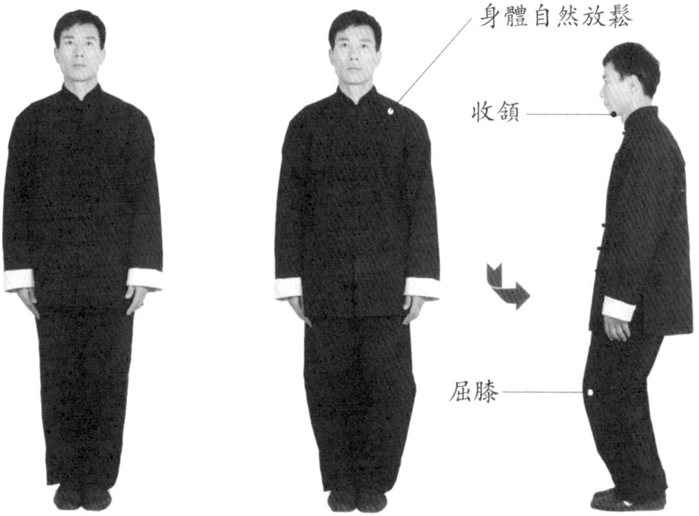

身體自然放鬆

收頷

屈膝

[預備勢 1]   [預備勢 2]   [預備勢 2 側面]

1. 自然併步，肅穆端莊，調和呼吸，平撫心境，鬆正無限，心意怡然。

2. 髖、膝微微彎曲緩緩下蹲，上身保持鬆正不變，丹田、腳跟鬆重感覺逐漸明顯，身法端莊、鬆穩。

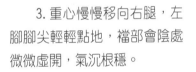

腳跟抬起

[預備勢3]　　　　　[預備勢3側面]

3. 重心慢慢移向右腿，左
腳腳尖輕輕點地，襠部會陰處
微微虛開，氣沉根穩。

4. 心如止水，身如山
嶽，氣平不驚，緩緩開出左
步，雙腳間距與肩同寬。

[預備勢4]

閉眼

屈膝

直腿

[預備勢5]　　　　　　[預備勢6]

5. 重心由右移向中間，身體隨著移動，雙膝慢慢輕起直立。

6. 重心回到中間，身體站直後，雙腿再次屈膝、鬆髖，身體微微下沉，頭部虛靈頂勁，軀幹含胸、塌腰、垂臀，鬆肩沉肘。立而不挺，直而不僵，形鬆根穩；眼簾鬆落，兩眼輕輕關合，慢慢呼吸，感受身體的放鬆，調整身體的放鬆，感受呼吸牽動身體的內部開張變化，丹田之氣飽滿充盈；閉目體會1～3分鐘。

●師父指路●

1.太極拳為內家拳，萬法存於心中，所以形為輔，心為主。心能清淨，身亦能舒坦，意能超然，氣能騰然。外形的千變萬化，都要恭敬於身體內在的心意氣力。

2.抬腿開步的運動，如果氣不平、形不定、根不穩、身不鬆都是失守。所以常講，守中用中，即動中守靜。

2.懶紮衣

[懶紮衣 1]

屈膝

[懶紮衣 2]

1. 接上勢，站姿不變，雙臂輕輕抬起，與肩同高同寬，肩關節向前、向外放開，故手臂有向前伸長的感覺。

2. 承上勢，雙肩、雙髖、雙肘、雙膝同時隨著呼氣緩緩下蹲、下落，手指微張，落於腹前。

3. 身體微向左轉，重心向右腿輕輕偏移，右臂輕起，左臂外開下按，雙手掌心向下，左腳腳跟慢慢抬起。

[懶紮衣 3]

4. 輕抬左腳，向左側
移動一小步，左腳變為腳
跟著地，雙臂繼續輕輕向
外舒展。

腳跟著地

[懶紮衣4]

5. 身體重心移向左腿，同時身
體向右邊轉動，左臂向上抬起，右
臂向下壓，雙手掌心翻轉向上，右
腳腳跟抬起，腳尖點地。

[懶紮衣5]

腳踏平，移動
身體重心。

6. 雙臂繼續運動左
上右下相合，同時右腿
輕輕提起準備開步。

[懶紮衣6]

7. 右腳向右開步，距離約為一步之遙，右腳腳跟先著地踏穩，身體重心向雙腿之間移動，保持身體姿勢端正，注意雙肩、雙髖以及後背的放鬆。

[懶紮衣7]

8. 身體重心輕輕移向左腿，上半身微微向左轉動，右臂翻轉纏起，右手掌心向下。

[懶紮衣8]

9. 重心慢慢移向右腿，身體隨之右轉，雙肩、雙肘對應相向打開。

[懶紮衣9]

10. 左手收回叉腰，右臂展開，身體微向左轉而全身鬆落，雙臂鬆沉勁力外開，動作呈定勢。

[懶紮衣10]

錯 誤 動 作

錯誤原因：開步時，應該用腳跟而非用腳尖伸探著地，這樣容易引起身體傾斜失勢。

●師父指路●

1.雙臂相合，注意雙肩開圓、鬆落。

2.抬腿開步，身體要先下蹲再開步。

3.任何時候，都可以用呼氣的方式來加強和改進動作的放鬆程度。

3.六封四閉

1. 承上勢，重心偏向右腿，上虛下實。下盤穩固，而身體放鬆，動作氣勢飽滿。

保持屈膝 ——

[六封四閉1]

2. 身體微向右轉，移動身體重心，左手運至身體右側與右手合應，掌心向上。

[六封四閉2]

[六封四閉3]

3. 雙手向外翻轉，左手掌心向下，右手掌心向外按挒，身體微向左轉動，重心向下並向左移動。

4. 重心轉動到左腿上，身體左轉，雙手按將到身體左側位置。

[六封四閉4]

5. 重心輕輕向右移動，身體繼續左轉，雙臂翻轉向上運起，左手掌心向上，右手掌心向左。注意雙肩保持放鬆。

[六封四閉5]

[六封四閉6]

6. 腰身繼續向右轉，雙手鬆落回收於胸前，掌心相對，略向外翻。

7. 身體重心移向右腳，左步輕輕跟步，左腳腳尖兒點地。身體微微下蹲，在身體調整鬆落的同時呼氣，雙臂由身體前左方向身體右前方打開。

身體重心在右腿上 ——

[六封四閉7]

錯誤動作

錯誤原因：挑肩架肘，心氣上浮，下盤空失。

❌

●師父指路●

1.在做第四個步驟的時候，注意右肩臂不能和身體緊貼，這樣會影響身體右側的鬆活。

2.在做第五個步驟的時候，很多人容易犯錯誤示範中的毛病，需謹記。

4. 單　鞭

1. 承上勢。雙膝慢慢直立，雙臂向右側推出，注意在推臂時含胸、開肩背。避免挺胸失去跟勁兒。

雙膝慢慢直立 ———

[單鞭1]

2. 身體微向右轉，翻轉雙臂，雙手手掌變為掌心相對。

[單鞭2]

3. 雙臂繼續翻轉，變為雙臂環抱，左手臂在外，右手臂在內，雙手掌心向上，右臂收回至胸口。

[單鞭3]

陳氏太極拳基礎入門

4. 身體微微下蹲，
雙臂微微下落，身體向
右側轉動的同時轉髖、
轉腰、轉肩。

手指微納扣

屈膝

[單鞭 4]

5. 右手變為鉤手，兩臂順勢向兩側
開肩、開肘，同時身體微向左轉，後背
鬆正、豎直；身體重心右移，左腿微微
提膝，左腳腳跟抬起，腳掌點地。

提膝

[單鞭 5]

6. 身體重心完全移至右腿，
右腿保持彎曲，頭頸領住，身體
放鬆，左腿提起，氣守丹田。

[單鞭 6]

7. 身體微微下蹲，左腳腳跟貼地打開左步，落下，身體重心移至雙腿之間。

[單鞭 7]

8. 身體微向右轉，左臂保持不變，右臂順勢翻轉、纏起，掌心向下。

[單鞭 8]

9. 重心向左輕輕移動，變成向左弓步的姿勢，同時身體向左轉動，打開左肩、左臂。

[單鞭 9]

雙膝同時彎曲

[單鞭10]

●師父指路●

1.注意在做動作時，身體上、下的配合度。做到肩與髖、肘與膝、手與腳，外三合，動作就能基本協調、順隨。

2.動作不妄動，由腰襠、丹田為運動核心，上行肩、肘、手，下行髖、膝、踝。

10. 身體微微右轉、下沉，同時呼氣鬆開雙肩、雙髖、雙臂、雙膝。鬆沉定勢，四平八穩，形整勢圓。

錯誤動作

錯誤原因：腳尖伸探，身法失跟、失勢。

錯誤原因：圖中示範為動作8處容易出現的問題，重心移向錯誤以及身體和左臂的翻轉不夠，形成身體左側無法鬆開，動作不能鬆整、圓滿。

第五章　陳氏和諧太極十三式——延年益壽，讓生命活出品質

153

4.雲 手

[雲手 1]

1. 承上勢。體會單鞭一式，氣歸丹田，充塞周身；垂臀鬆腰，上下貫通。

—— 屈膝

[雲手 2]

[雲手 3]

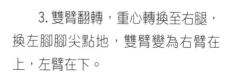

2. 重心移向左腿，同時身體微微向左轉動，右腿回收點地，同時右手由鉤手變掌，走下弧線運至腹前，左臂在上，右臂在下。

3. 雙臂翻轉，重心轉換至右腿，換左腳腳尖點地，雙臂變為右臂在上，左臂在下。

4. 身體向右轉動，左腿向左開步，雙手向身體右側轉動運出。

[雲手4]

[雲手5]

5. 重心緩緩移向左腿，身體微微向左轉動，右腿回收點地，雙臂翻轉成左臂在上、右臂在下，運行至身體左側。

[雲手6]

6. 雙臂繼續翻轉，重心轉換至右腿，左腳腳尖兒點地，雙臂翻轉成右臂在上、左臂在下。

[雲手7]

7. 左腿開步，調整好身體重心，身體向右轉動，雙手向身體右側轉動運出。

身體重心
移至左腿

[雲手8]

8. 重心緩緩移向左腿，身體微向左轉動，右腿回收，右腳腳掌點地，雙臂翻轉成左臂在上、右臂在下的姿勢，運轉至身體左側。

9. 雙臂繼續翻轉，重心轉換到右腿上，左腳腳尖兒點地，雙臂相對，呈右上左下式。

10. 左腿開步，調整好身體重心，身體向右轉動，雙手向身體右側轉動運出。

●師父指路●
1.收右腿，開左腿，循環三次。
2.收步時，儘量輕巧，保持身不起、氣不浮。

[雲手9]

[雲手10]

6.玉女穿梭

1. 承上勢。姿態鬆正飽滿，注意雙肩、背以及手臂的開圓呼應。

[玉女穿梭1]

[玉女穿梭3]

[玉女穿梭2]

2. 重心左移，左手往下、往左、往上畫弧運動打開；右手往外、往下滑落，雙手變為掌心朝上。

3. 重心移到左腿上，身體微向右轉，收右步，右腳腳尖點地，雙手左上右下且順勢相合於胸前。

4.重心由左向右移動,再移向左邊,在重心移動過程中,左腳腳跟外擺,右腳腳跟內轉,使身體調整向右轉出,同時雙臂在體前由上向下畫圓。

[玉女穿梭4]

[玉女穿梭5]

5.隨著呼氣,鬆肩、沉肘及雙臂由上向下鬆落,全身放鬆。

[玉女穿梭6]

[玉女穿梭7]

6.雙腳跳落,雙臂隨跳落而起落配合。雙腳起跳時,右腳先起後落,左腳後起先落。

7.雙腳下落之後,右腿向前跨出一步,右掌同時推出。

8. 雙腳內扣，身體
微向右轉，左腿上前一
步，左掌再推出。

[玉女穿梭8]

9. 右腿從體後收回到
左腿後方，雙膝彎曲，身
體重心移向左腿。

[玉女穿梭9]

10. 以雙腳腳尖為軸，
轉動雙腳，身體轉回。

[玉女穿梭10]

屈膝 ————

11. 重心移動到右腿上，雙臂舒展、開圓，注意全身鬆沉、穩定。

[玉女穿梭11]

錯 誤 動 作

✕

●師父指路●

1.玉女穿梭三步跳躍，放柔、放慢可依次走出，放快用剛則可一氣呵成，迅疾三步一蹴而就。

2.三步跳完轉身回勢時，注意全身要快速地放鬆，尤其是腰、髖、腿三個部位的下沉，使身法穩定。

錯誤原因：身體轉動時，腰身失去中軸平衡，上身的搖晃、擺動使身體氣浮根飄，失去平衡，髖部和膝關節不能鬆落、踏實。

7.白鶴亮翅

1. 承上勢。左手向上翻轉、鬆沉，掌心向前，重心保持在右腿。

[白鶴亮翅 1]

身體重心在此條腿上

[白鶴亮翅 2]

2. 身體重心移向左腿，隨之左手上升，右手鬆落。

3. 重心保持在左腿，右腿收回並向身體後側開步，腳尖點地，雙臂呈左上右下的相合運動。

[白鶴亮翅 3]

4. 右腳放下，重心後移，雙臂環抱於胸前，注意雙肩放鬆。

[白鶴亮翅 4]

5. 身體微微左轉，重心移向右腿，右臂向上、左臂向下打開，同時左腳腳尖內扣且腳尖點地，腳跟抬起。

6. 右臂繼續由上向下畫圓，左臂繼續由下向上畫圓，左腳收回半步，腳跟抬起，腳尖點地後調整全身，肩、髖、肘、膝鬆落而保持身姿挺拔。

腳尖點地

[白鶴亮翅5]

[白鶴亮翅6]

錯誤動作

●師父指路●

動作在分或合時，肩部應一直保持著開圓、鬆活狀。

錯誤原因：

在雙手相合時，雙臂緊夾，雙肩不能鬆圓。

錯誤原因：

在雙臂打開時，應該先開肩，而不能先挑肘而形成架肩。

8.左右擦腳

屈膝——

[左右擦腳1]

1. 承上勢。動作保持鬆正、大方、舒展、挺拔。

2. 身體向右轉動，雙手繼續畫圓於體前相合。

[左右擦腳2]

[左右擦腳3]

3. 身體右轉之後轉向左邊，身體重心移動到左腿上，雙手翻轉掌心向下，雙臂向下、向左捋按，身法略微下沉。

[左右擦腳4]

4. 身體重心移回右腿上，提左膝，同時左手翻轉至身體左側上方，兩手掌心相對，身法獨立站穩。

5. 右膝微微向下彎曲，身體下沉，左腿落至右腿前方，左手合右手停於胸前。身體重心保持在右腿上。

[左右擦腳 5]

6. 重心慢慢移向左腿，同時雙臂翻轉向上撐圓，左手手掌貼住右手手背放於頭頂。

[左右擦腳 6]

7. 重心持穩於左腿，右腳向前、向上踢出，兩臂順勢打開。

[左右擦腳 7]

8. 右腳、右手合擊於體前，注意右腳面繃直，右腳腳尖不要鈎起。左腳踏穩，不可拔根。

[左右擦腳 8]

9. 手腳合擊之後，隨即收回放下右腿，右腳腳尖點地，兩臂保持自然伸開。

屈膝——

[左右擦腳 9]

10. 保持身體重心於左腿，右腳換成腳跟著地，同時雙臂下落，兩手相合放於胸前。

[左右擦腳 10]

12. 左腳向前、向上踢起，兩臂順勢打開，左手與左腳合擊。

全腳平踩於地

[左右擦腳 12]

[左右擦腳 11]

11. 讓身體向右轉動，身體重心移向右腿，左腳腳尖轉動點地，右腳外擺踏穩，雙臂向上翻轉、撐圓，左手手掌貼住右手手背放於頭頂。

●師父指路●

1. 起腿時，應控制好身體重心，這樣身體外形擺動的幅度才能保證最小。

2. 依據自身身體以及生理狀況，踢腿高度可以調整，不要勉強生硬。不能以起腿高度為要求，應以動作協調、舒展、順隨為目標。

腳尖點地

[左右擦腳 13]

13. 手腳合擊之後，左腿下落收回，腳尖點地，兩臂自然伸展，全身放鬆。

9.右蹬一跟

身體重心
保持在右
腿上

[右蹬一跟1]

1. 承上勢。雙臂舒展，左腳
腳尖點地，全身放鬆、平穩，身
體重心保持在右腿上。

[右蹬一跟2]

2. 左腳向外開步，腳跟著
地，雙臂隨之向外略微展開。

3. 身體重心移向左
腿，右腿隨之收回，右腳
腳尖點地，雙臂放下並相
合於腹前。

重心落在左腿，
右腳腳尖點地。

[右蹬一跟3]

[右蹬一跟3正面]

4. 右腿輕輕提起，雙手握拳，雙臂輕輕抬起放於胸前位置。

●師父指路●

1. 合手提膝，右腿準備蹬出前，檢查全身是否關節放鬆、身法穩定。

2. 右腿蹬腿時，保持心氣不上浮。蹬後，應立刻鬆髖、鬆膝，右腿收回站穩。

[右蹬一跟4]　　[右蹬一跟4正面]

雙手與單腿同時打開

5. 右腿向右側蹬出，同時呼氣，雙臂向外展開。

[右蹬一跟5]

腳尖點地

[右蹬一跟6]

6. 蹬腿之後，隨即右腿鬆落，回到起始位置，右腳腳掌點地，雙臂握拳放下。

10.披架子

1.承上勢。雙臂落下，注意柔中含剛，肩背開圓。

[披架子1]

2.調整轉動左腳，面向起始方向的左面，右臂、右腿輕輕提起，身體重心落於左腿。

提膝

右手放於胸前

[披架子2]　　　　　　　　　　[披架子2側面]

3. 左腿微屈，左臂向上，右臂向下運動，雙臂上鈎、下砸配合，右膝上頂打開。

[披架子3]

4. 右腳落下，交換身體重心到右腿，左腳腳尖點地，雙拳變掌右手在上、左手在下環抱於體前。

[披架子4]

5. 左腿向左前方開出，重心微微移向左腿。

[披架子5]

6. 隨之身體略向左轉，重心移向左腿的同時，雙臂向左右兩邊打開，呈左手在上、右手在下的姿勢。

[披架子6]

錯誤動作

●師父指路●

兩臂左鉤右砸的同時上頂右膝，身體略微右轉，不轉則勁力不威猛，轉多了則影響身體平衡，度在何處，唯有多練習揣摩才可掌握。

錯誤原因：雙臂呈左上右下式發力時，右膝沒有上頂合上。

膝蓋應向前頂起

11.掩手肱拳

[掩手肱拳 1]

1. 承上勢。雙臂開圓，左臂在上，左掌掌心朝上；右臂在下，右掌掌心朝下。

——提右膝

——重心轉移
至左腿上

[掩手肱拳 2]

2. 提右膝，將身體重心落於左腿，雙手合於身前呈十字形。

3. 右腳落地，腳步踏穩，交換身體重心於右腿，提左膝，換左腳腳尖點地。

——落右腳，提左膝。

4. 左腿向左前方開步，身體重心移動至雙腿之間，注意圓襠、圓肩。

[掩手肱拳 3]

左腳前邁，落下。移動身體重心。

[掩手肱拳 4]

[掩手肱拳5]

5. 身體重心向左腿移動，雙臂順勢打開，掌心朝下。

[掩手肱拳6]

6. 兩臂繼續向兩側展開、抬起，身體重心在左腿。

[掩手肱拳7]

7. 下半身姿勢不變，雙臂繼續展開，由上向下回落且相合於身前。

由掌變拳

[掩手肱拳8]

8. 雙臂繼續翻轉下落，重心回向右腿，右手由掌變拳，拳心向上，兩肘落於兩肋部，雙肩鬆開。

側身沖拳

[掩手肱拳9]　　　　　　　　[掩手肱拳9側面]

9.身體重心移向左腿，腰、髖微微左轉，雙肩順勢左轉，左肘、右拳隨腰身、膀臂的轉動前後順勢發出。

錯 誤 動 作

●師父指路●
　拳由心發，心在全身。

錯誤原因：拳到身不到，意念專一於拳而忽略了身法。

12.金剛搗碓

[金剛搗碓1]

1.承上勢。拳、肘發出時，周身旋即放鬆，肩、髖、腰、身應自然、快速鬆落回位，身正、根穩、鬆活如初。

[金剛搗碓2]

2.身體重心移向右腿，兩腳腳尖呈左扣右擺式，身體從左向右轉動，雙臂左右打開，呈右高左低式。

注意身體重心轉移 ——

3.臉部隨身體的右轉而轉向身體右側，身體重心移回左腿，兩臂翻轉呈左高右低式。

[金剛搗碓3]

由掌變拳

4. 右腿收回腳尖點地，兩臂相合於胸前，左手手指貼於右手小臂，兩臂環合，雙肩開圓。

5. 右手握拳向上收回，左掌翻轉落下，掌心向上，身體微微下沉。

腳尖點地

[金剛搗碓 4]

[金剛搗碓 5]

拳掌相合

提右膝，同時拳掌分開。

[金剛搗碓 6]

[金剛搗碓 7]

6. 右拳下落於左手掌心，頭領腰鬆，氣歸丹田。

7. 提右膝，右拳向上舉起，身體重心落於左腿之上，注意身法平穩、心氣不浮。

8. 右拳、右膝同時下落，右腳腳掌踏穩踏實著地，兩腳與肩同寬，平分身體重心，右拳落於左手掌中。

[金剛搗碓8]

錯誤動作

●師父指路●

　右拳、右腳震腳落拳時，重心保持在左腿，意到氣到瞬間用力震下而放鬆，不可挾力蹬踏而下持力不鬆。

錯誤原因：身體向左轉時，鬆正不夠，忘記頭部的領勁兒和腰身的下沉勁兒，造成上身的搖晃擺動。

13. 收　勢

1. 承上勢。從頭而下，檢查全身，鬆正自然，和合渾然。

2. 雙臂開落，肩膀渾圓，後背挺拔。

[收勢 1]

[收勢 2]

3. 兩臂繼續舒展，輕輕打開。

[收勢 3]

4. 兩臂起合於頭頂，勞宮穴對應百會穴，鬆肩沉肘。

5. 雙膝微屈，肩、肘回落，雙臂鬆降至胸前。

[收勢4]

[收勢5]

6. 雙臂繼續下落至腹下丹田位置，雙肩保持放鬆。

7. 兩臂緩慢落下，垂於身體兩側。

[收勢6]

[收勢7]

直膝

屈膝

8. 雙膝慢慢伸直，身體緩緩站起，平穩呼吸。

9. 身體再次微微下蹲，身體重心移至右腿，左腳腳尖兒點地，身法端正。

[收勢 8]　　　　[收勢 9]

10. 左腳輕輕收回併步，重心平分，注意膝蓋仍然保持微微彎曲。

保持屈膝

[收勢 10]

11. 輕輕起身，全部動作結束。

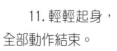

[收勢 11]

●師父指路●

1.有始有終，收勢依然是很重要的動作，應潛心練習，不可忽略。

2.收勢結束，可原地不動閉目、靜站放鬆 1~2 分鐘，這樣能起到更好的平心靜氣，恢復身體的作用。

附錄　陳氏太極拳傳承表

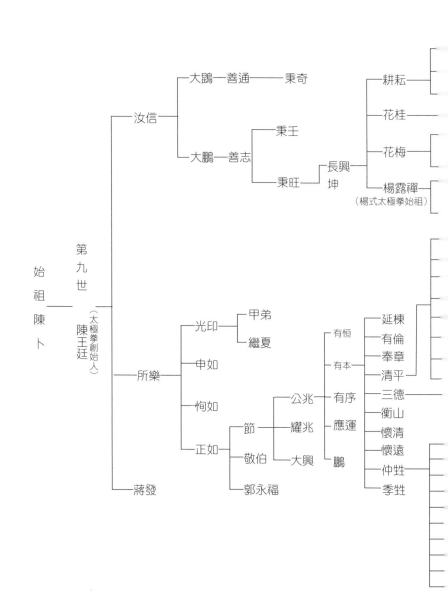

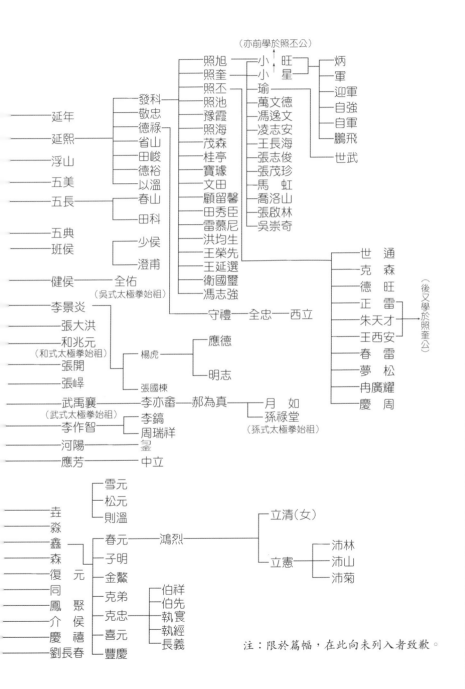

注：限於篇幅，在此向未列入者致歉。

陳氏和諧太極十三式整體演練示意圖

第一式　預備式

第二式　攬紮衣

第三式　六封四閉

第四式　單鞭

第五式　雲手　　　　　　　第六式　玉女穿梭

第七式　白鶴亮翅

（右）　　　　　　（左）

第八式　左右擦腳

（蹬腳） （跟腳）

第九式 右蹬一跟

第十式 披架子

第十一式 掩手肱拳

第十二式　金剛搗碓　　　　第十三式　收勢

導引養生功

全系列為彩色圖解附教學光碟

張廣德養生著作　每冊定價350元

定價350元

定價350元

定價350元

定價350元

定價350元

定價350元

定價350元

定價350元

定價350元

定價350元

輕鬆學武術

定價250元

定價250元

定價250元

定價250元

定價250元

定價250元

定價250元

定價250元

定價280元

定價330元

太極跤

定價300元

定價280元

定價350元

彩色圖解太極武術

定價220元

定價220元

定價220元

定價220元

定價350元

定價350元

定價350元

定價350元

定價350元

定價350元

定價350元

定價350元

定價350元

定價220元

定價220元

定價220元

定價350元

定價220元

定價350元

定價350元

定價220元

定價220元

定價220元

太極武術教學光碟

太極功夫扇
五十二式太極扇
演示：李德印 等
(2VCD)中國

夕陽美太極功夫扇
五十六式太極扇
演示：李德印 等
(2VCD)中國

陳氏太極拳及其技擊法
演示：馬虹(10VCD)中國
陳氏太極拳勁道釋秘
拆拳講勁
演示：馬虹(8DVD)中國
推手技巧及功力訓練
演示：馬虹(4VCD)中國

陳氏太極拳新架一路
演示：陳正雷(1DVD)中國
陳氏太極拳新架二路
演示：陳正雷(1DVD)中國
陳氏太極拳老架一路
演示：陳正雷(1DVD)中國

陳氏太極拳老架二路
演示：陳正雷(1DVD)中國
陳氏太極推手
演示：陳正雷(1DVD)中國
陳氏太極單刀・雙刀
演示：陳正雷(1DVD)中國

郭林新氣功
(8DVD)中國

本公司還有其他武術光碟
歡迎來電詢問或至網站查詢
電話：02-28236031
網址：www.dah-jaan.com.tw

原版教學光碟

歡迎至本公司購買書籍

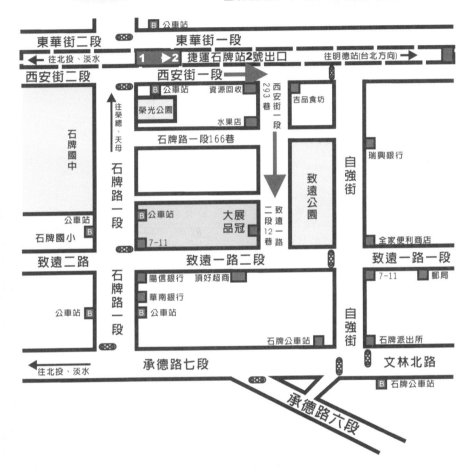

建議路線

1. 搭乘捷運‧公車

淡水線石牌站下車，由石牌捷運站２號出口出站(出站後靠右邊)，沿著捷運高架往台北方向走(往明德站方向)，其街名為西安街，約走100公尺(勿超過紅綠燈)，由西安街一段293巷進來(巷口有一公車站牌，站名為自強街口)，本公司位於致遠公園對面。搭公車者請於石牌站(石牌派出所)下車，走進自強街，遇致遠路口左轉，右手邊第一條巷子即為本社位置。

2. 自行開車或騎車

由承德路接石牌路，看到陽信銀行右轉，此條即為致遠一路二段，在遇到自強街(紅綠燈)前的巷子(致遠公園)左轉，即可看到本公司招牌。

國家圖書館出版品預行編目資料

陳氏太極拳基礎入門／陳炳 著
——初版，——臺北市，大展，2017〔民106.03〕
面；21公分 ——（陳式太極拳；8）
ISBN 978-986-346-151-7（平裝附數位影音光碟）
1.太極拳
528.972　　　　　　　　　　　　　　　106000182

陳氏太極拳基礎入門 附 DVD

著　　者／陳　炳
責任編輯／盧山秀　靈智
發 行 人／蔡森明
出 版 者／大展出版社有限公司
社　　址／台北市北投區（石牌）致遠一路2段12巷1號
電　　話／（02）28236031・28236033・28233123
傳　　眞／（02）28272069
郵政劃撥／01669551
網　　址／www.dah-jaan.com.tw
E - mail／service@dah-jaan.com.tw
登 記 證／局版臺業字第2171號
承 印 者／傳興印刷有限公司
裝　　訂／眾友企業公司
排 版 者／弘益電腦排版有限公司
授 權 者／遼寧科學技術出版社
初版1刷／2017年（民106年）3月

定　價／350元

大展好書　好書大展
品嘗好書　冠群可期